JN292071

Macro
Economics

マクロ経済学の
楽々問題演習

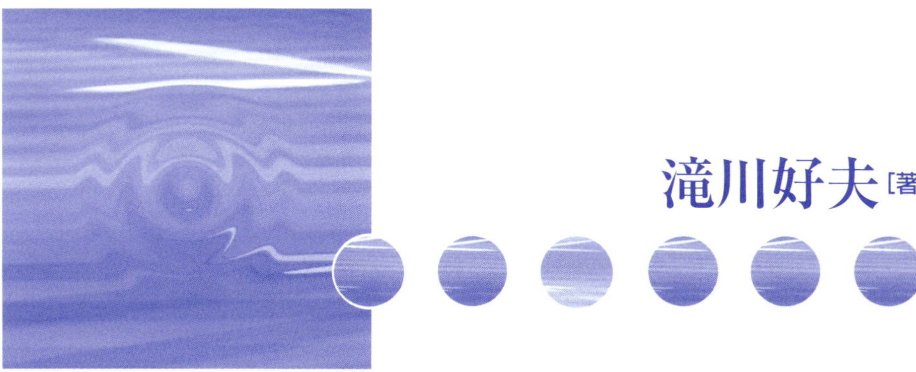

滝川好夫［著］

税務経理協会

序　　文

Ⅰ　本書のＰＲ

大学の学部編入学，大学院，公務員，公認会計士，国税専門官，不動産鑑定士，証券アナリストなどの試験を受けようとしている学生に，「何か良い問題集はありませんか」としばしば尋ねられます。「問題集なら過去問を取り扱っている本がたくさん出版されているのでは」と答えていましたが，書店に行って，そのタイプの問題集を見ますと，どれも過去に実際に出題された問題に，解答＆解答の解説を行ってはいるのですが，問題が整理されずにばらばらに掲載され，同じ類いの問題が繰り返し出題されているのです。これらのタイプの本で問題演習していては，きわめて無駄が多いのではと感じました。また，問題演習を中心に受験勉強している人には問題の掲載が体系的でないだけに「理解できないまま暗記せざるをえないのでは」と心配になりました。そこで，限られた時間で無駄なく問題演習ができるように，また問題演習を中心に受験勉強している人にとっては，問題を解きながら体系的に経済学を理解できるように書き上げたのが本書です。

Ⅱ　本書の特徴と使用法

本書は，経済学の試験に合格することを目標に書かれた，マクロ経済学の標準問題集です。その特徴と使用法は次の３点です。

(1)　試験問題の基本パターンを網羅した問題集

これまでの問題集は過去問を整理することなく，ただ並べただけのものでした。ですから，同じような問題が繰り返し掲載され，過去には出ていなかったものの，これから出題されるかもしれない重要な問題が掲載されていませんでした。時間が十分あれば，同種の問題であっても，いろいろなパターンを演習することは価値あるかもしれませんが，大半の受験者は限られた時間の中で，複数科目の受験準備をしなければならず，経済学の学習，その中でも問題演習に費やすことのできる時間は限られているように思えます。本書は過去問を踏まえた上で，試験問題の基本パターンを網羅しています。各基本パターンについては1問のみ出題していますので，限られた時間で無駄なく受験勉強できます。すべての問題を解けるようにしましょう。

⑵ 「整理して暗記する」ための問題集

本書は「整理して暗記する」ための問題集であるので，問題の順番，問いの順番がストーリーになっています。整理して暗記するためには，本書の問題・問いを順番通りに演習して下さい。1つの問題を理解できれば次の問題に進み，理解できなければ前の問題に戻って下さい。

⑶ 「数学マニュアル」のついた問題集

経済学の試験に合格するためには，ある程度の数学（とりわけ微分）の知識が必要です。短時間で経済学の受験勉強をするときに，数学を学んでいる時間はありません。本書では，経済学の試験に合格するのに必要な最低限の数学知識だけを「数学マニュアル」として整理しています。

2006年10月

神戸大学大学院経済学研究科　**滝川好夫**

（付　記）

税務経理協会の書籍企画部の武田力氏には，本書の企図を理解していただき，出版の機会を得られたことを，ここに記して感謝の意を表します。

目　次
CONTENTS

ChapterⅤ　金融政策　81

ChapterⅥ　ＩＳ－ＬＭ分析　85

ChapterⅦ　ＡＤ－ＡＳ分析　103

Introduction

問題演習のための数学マニュアル

I　2次方程式の解

① $ax^2+bx+c=0\quad(a\neq 0)$

$$x=\frac{-b\pm\sqrt{b^2-4ac}}{2a}$$

② $ax^2+2b'x+c=0\quad(a\neq 0)$

$$x=\frac{-b'\pm\sqrt{b'^2-ac}}{a}$$

II　乗法公式

① $m(a\pm b)=ma\pm mb$　（複合同順）

② $(a\pm b)^2=a^2\pm 2ab+b^2$　（複合同順）

③ $(a+b)(a-b)=a^2-b^2$

④ $(x+a)(x+b)=x^2+(a+b)x+ab$

⑤ $(ax+b)(cx+d)=acx^2+(ad+bc)x+bd$

⑥ $(a\pm b)^3=a^3\pm 3a^2b+3ab^2\pm b^3$　（複合同順）

⑦ $(a+b+c)^2=a^2+b^2+c^2+2ab+2bc+2ca$

⑧ $(a\pm b)(a^2\mp ab+b^2)=a^3\pm b^3$　（複合同順）

III 指数の法則

① $y^m \times y^n = y^{m+n}$　（例：$y^5 \times y^2 = y^7$）

② $y^m \div y^n = y^{m-n}$　（例：$y^5 \div y^2 = y^3$）　（$y \neq 0$）

③ $y^{-n} = \frac{1}{y^n}$　（例：$y^{-2} = \frac{1}{y^2}$）　（$y \neq 0$）

④ $y^0 = 1$　（$y \neq 0$）

⑤ $y^{\frac{1}{n}} = \sqrt[n]{y}$　（例：$y^{\frac{1}{2}} = \sqrt{y}$）

⑥ $(y^m)^n = y^{mn}$　（例：$(y^3)^2 = y^6$）

⑦ $x^m \times y^m = (xy)^m$　（例：$x^3 \times y^3 = (xy)^3$）

IV 等差数列の和（S_n）の公式

① $S_n = \frac{n(a+b)}{2}$

ここで，a＝初項，b＝末項，n＝項数です。

② $S_n = \frac{1}{2} n \{2a + (n-1)d\}$

ここで，a＝初項，d＝公差，n＝項数です。

V 等比数列の和（S_n）の公式（$r \neq 1$のとき）

① $S_n = \frac{a(1-r^n)}{1-r}$

ここで，a＝初項，r＝公比，n＝項数です。

② $S_n = \frac{a-br}{1-r}$

ここで，a＝初項，b＝末項，r＝公比です。

Ⅵ 無限等比級数

$\sum_{n=1}^{\infty} ar^{n-1} = a + ar + ar^2 + \cdots + ar^{n-1} + \cdots\cdots$ は初項 a，公比 r（$r \neq 0$）の「無限等比級数」と呼ばれています。

① $|r| < 1$ のとき，収束します。

$$\sum_{n=1}^{\infty} ar^{n-1} = \frac{a}{1-r}$$

② $a \neq 0$，$|r| \geqq 1$ のとき，発散します。

Ⅶ Σ（シグマ）計算の基本形

① $\Sigma(a_k \pm b_k) = \Sigma a_k \pm \Sigma b_k$

② $\Sigma c a_k = c \Sigma a_k$

③ $\Sigma c = nc$

Ⅷ 対数と対数の法則

1 対数の定義

$4^2 = 16 \Leftrightarrow 2 = \log_4 16$

2 対数の法則

① $\log_e (mn) = \log_e m + \log_e n$　　$(m, n > 0)$

② $\log_e \frac{m}{n} = \log_e m - \log_e n$　　$(m, n > 0)$

③ $\log_e m^c = c \log_e m$　　$(m > 0)$

④ $\log_b m = (\log_b e)(\log_e m)$　　$(m > 0)$

⑤ $\log_b e = \dfrac{1}{\log_e b}$

Ⅸ y＝f（x）の導関数

1 導関数の定義

$$\frac{dy}{dx} = f'(x) = \lim_{\Delta x \to 0} \frac{\Delta y}{\Delta x}$$

$$= \lim_{\Delta x \to 0} \frac{f(x+\Delta x) - f(x)}{\Delta x}$$

2 2次の導関数

$$\frac{d^2 y}{dx^2} = \frac{d}{dx}\left(\frac{dy}{dx}\right)$$

【知っておきましょう】 原始関数y＝f（x）の導関数の表示方法

$$\frac{dy}{dx} = \frac{d}{dx} y = \frac{d}{dx} f(x) = f'(x) = y'$$

Ⅹ 原始関数と導関数

	原始関数	導関数
(1)	$y = f(x) = k$	$f'(x) = 0$
	$y = f(x) = 5$	$f'(x) = 0$
(2)	$y = x^n$	$f'(x) = n x^{n-1}$
	$y = x$	$f'(x) = 1 x^{1-1} = x^0 = 1$
	$y = x^3$	$f'(x) = 3 x^{3-1} = 3 x^2$
	$y = x^0$	$f'(x) = 0 x^{0-1} = 0$

$y = \frac{1}{x^3} = x^{-3}$　　　$f'(x) = -3x^{-3-1} = -3x^{-4} = \frac{-3}{x^4}$

$y = \sqrt{x} = x^{\frac{1}{2}}$　　　$f'(x) = \frac{1}{2}x^{\frac{1}{2}-1} = \frac{1}{2}x^{-\frac{1}{2}}$

$$= \frac{1}{2}\ \frac{1}{\sqrt{x}}$$

(3)　$y = cx^n$　　　$f'(x) = cnx^{n-1}$

$y = 4x^3$　　　$f'(x) = 4 \cdot 3x^{3-1} = 12x^2$

(4)　$y = f(x) \pm g(x)$　　　$y' = f'(x) \pm g'(x)$

$y = 5x^3 + 9x^2$　　　$y' = 15x^2 + 18x$

(5)　$y = f(x) \cdot g(x)$　　　$y' = f'(x) \cdot g(x) + f(x) \cdot g'(x)$

$y = (2x+3) \cdot 3x^2$　　　$y' = 2 \cdot 3x^2 + (2x+3) \cdot 6x$

$$= 6x^2 + 12x^2 + 18x$$

$$= 18x^2 + 18x$$

(6)　$y = \frac{f(x)}{g(x)}$　　　$y' = \frac{f'(x) \cdot g(x) - f(x) \cdot g'(x)}{g^2}$

$y = \frac{2x-3}{x+1}$　　　$y' = \frac{2(x+1) - (2x-3)1}{(x+1)^2}$

$$= \frac{5}{(x+1)^2}$$

(7)　$y = \frac{1}{g(x)}$　　　$y' = \frac{-g'(x)}{g^2}$

$y = \frac{1}{x+1}$　　　$y' = \frac{-1}{(x+1)^2}$

【知っておきましょう】 合成関数

$z=f(y)$, $y=g(x)$を$z=f[g(x)]$と表すことができます。2つの関数記号f，gを用いた関数は「合成関数（関数の関数）」と呼ばれています。

$z=f(y)$, $y=g(x)$から, $\frac{dz}{dx}$を求めます。

$$\frac{dz}{dx}=\frac{dz}{dy}\cdot\frac{dy}{dx}$$

XI U＝U(x_1, x_2)の偏微分と全微分

1 偏導関数の定義

① x_1に関するUの偏導関数

$$MU_1=U_1=\frac{\partial U}{\partial x_1}$$
$$=\lim_{\Delta x_1\to 0}\frac{\Delta U}{\Delta x_1}$$
$$=\lim_{\Delta x_1\to 0}\frac{U(x_1+\Delta x_1, x_2)-U(x_1, x_2)}{\Delta x_1}$$

② x_2に関するUの偏導関数

$$MU_2=U_2=\frac{\partial U}{\partial x_2}$$
$$=\lim_{\Delta x_2\to 0}\frac{\Delta U}{\Delta x_2}$$
$$=\lim_{\Delta x_2\to 0}\frac{U(x_1, x_2+\Delta x_2)-U(x_1, x_2)}{\Delta x_2}$$

2 全微分の定義

$$dU=\frac{\partial U}{\partial x_1}dx_1+\frac{\partial U}{\partial x_2}dx_2$$

または,

$$dU = U_1 dx_1 + U_2 dx_2$$

3　全微分の４つの法則

２つの関数$U = U(x_1, x_2)$，　$V = V(x_1, x_2)$ を考えます。

①　$d(cU^n) = cnU^{n-1}dU$

②　$d(U \pm V) = dU \pm dV$

③　$d(UV) = VdU + UdV$

④　$d\left(\frac{U}{V}\right) = \frac{VdU - UdV}{V^2}$

Chapter I

国民経済計算

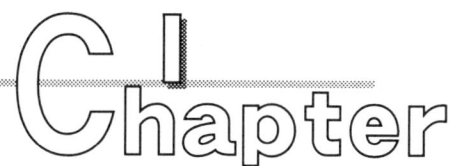

ミクロ経済学では，１人の消費者，１人の生産者を取り上げていますが，マクロ経済学では，消費者全体，生産者全体などを取り上げます。マクロ経済（国民経済全体）のレベルで，各経済主体の活動，経済主体間の経済取引の実態を理解しましょう。

「国民経済計算」は日本経済の循環構造を表している統計であり，国民経済計算体系を学ぶことは，本書の各章の議論が，マクロ経済全体のどの部分に関連しているのかを理解するのに役立ちます。まずは図書館などで『国民経済計算年報』を一度見てみましょう。図表に親しみながら，日本経済を理解しましょう。

I　国民経済計算

マクロ経済学では，現実の経済を理論的フレームワークを通して見ることが求められ，「国民経済計算」はマクロ経済理論の土台です。「国民経済計算」は経済の循環構造を表している統計であり，国民所得勘定，資金循環表，産業連関表，国民貸借対照表，国際収支表の５つの勘定からなっています。上級レベルでは，これら５つの勘定の相互連関を理解することが重要になりますが，標準レベルでは，たんに上記のような勘定があるということだけを知っておけばよいでしょう。

『国民経済計算年報』の「日本経済の循環」には，国民所得勘定（フロー編）

図１－１　平成15年

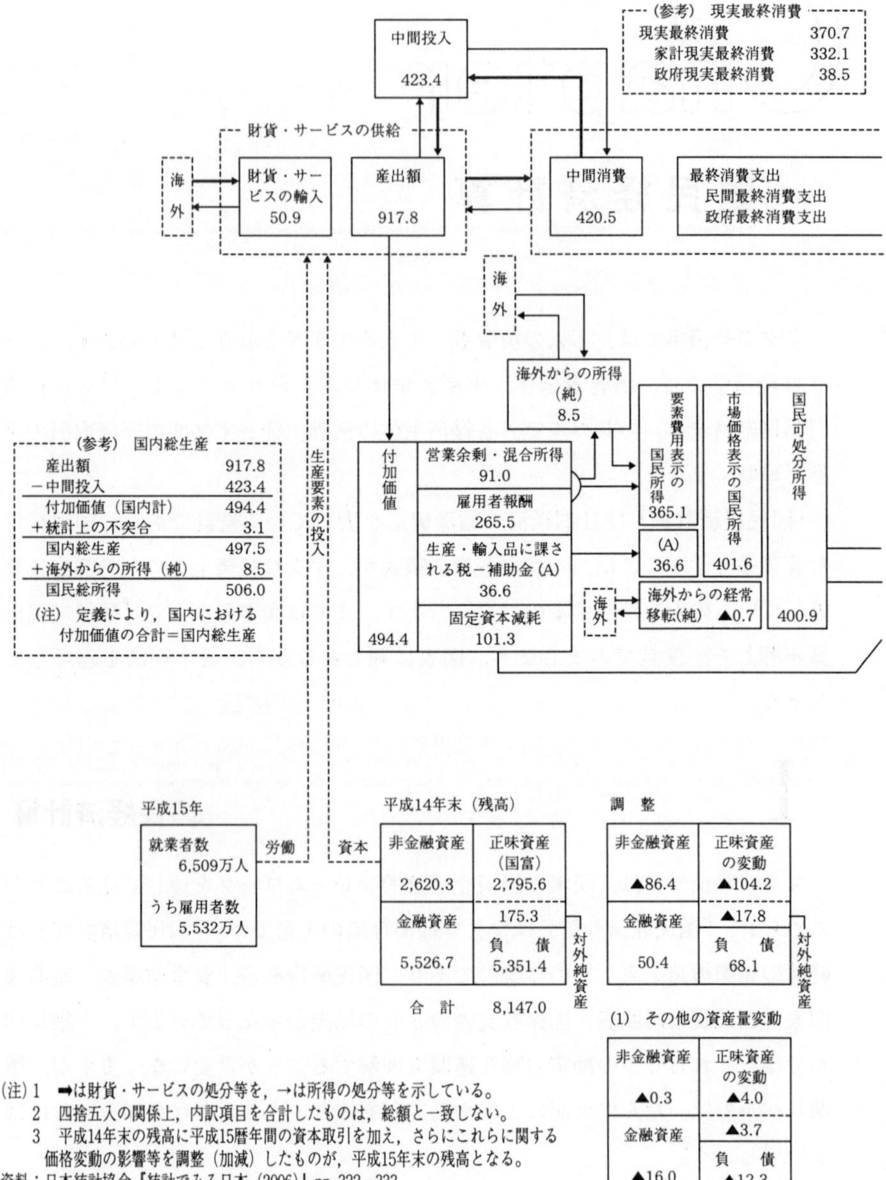

(注) 1　➡は財貨・サービスの処分等を，→は所得の処分等を示している。
　　2　四捨五入の関係上，内訳項目を合計したものは，総額と一致しない。
　　3　平成14年末の残高に平成15暦年間の資本取引を加え，さらにこれらに関する価格変動の影響等を調整（加減）したものが，平成15年末の残高となる。

資料：日本統計協会『統計でみる日本（2006）』pp.322－333
　　　内閣府経済社会総合研究所『国民経済計算年報』

の日本経済の循環

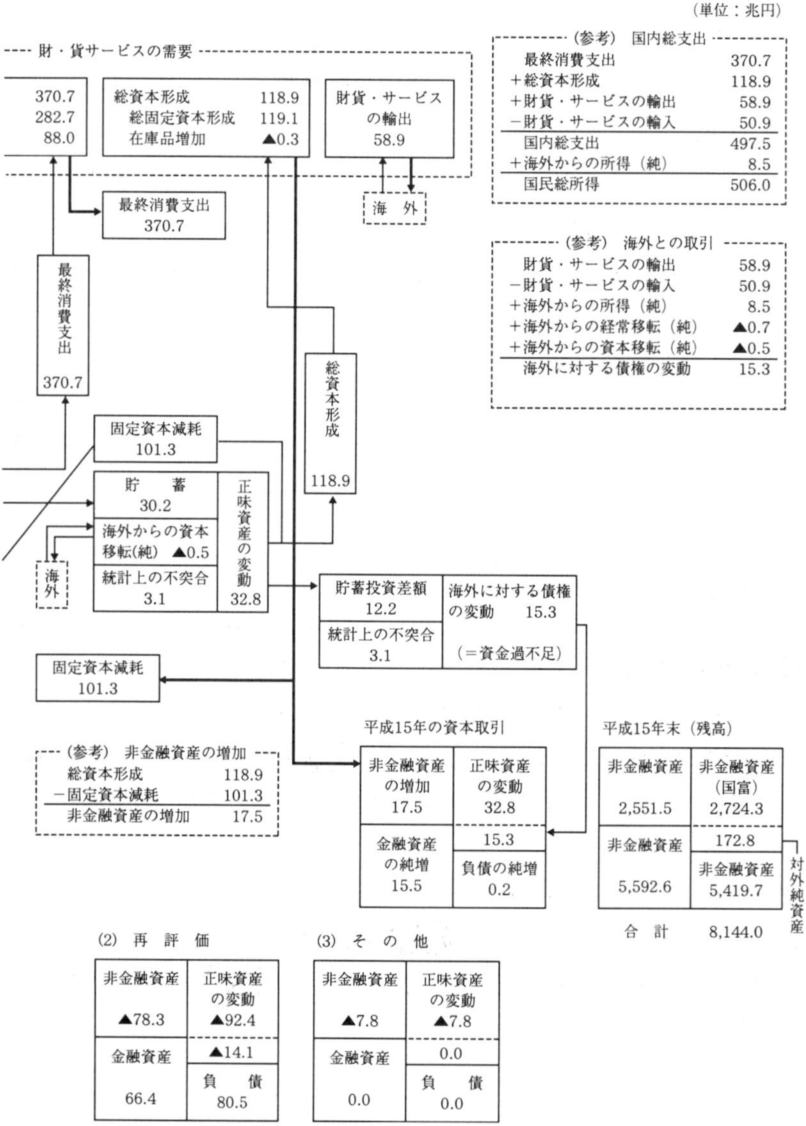
（単位：兆円）
財・貨サービスの需要
370.7
282.7
88.0
総資本形成　118.9
総固定資本形成　119.1
在庫品増加　▲0.3
財貨・サービスの輸出　58.9
海外
最終消費支出　370.7
最終消費支出　370.7
総資本形成　118.9
固定資本減耗　101.3
貯蓄　30.2
海外からの資本移転(純)　▲0.5
統計上の不突合　3.1
正味資産の変動　32.8
海外
貯蓄投資差額　12.2
統計上の不突合　3.1
海外に対する債権の変動　15.3
（＝資金過不足）
固定資本減耗　101.3
（参考）国内総支出
最終消費支出　370.7
＋総資本形成　118.9
＋財貨・サービスの輸出　58.9
－財貨・サービスの輸入　50.9
国内総支出　497.5
＋海外からの所得（純）　8.5
国民総所得　506.0
（参考）海外との取引
財貨・サービスの輸出　58.9
－財貨・サービスの輸入　50.9
＋海外からの所得（純）　8.5
＋海外からの経常移転（純）　▲0.7
＋海外からの資本移転（純）　▲0.5
海外に対する債権の変動　15.3
（参考）非金融資産の増加
総資本形成　118.9
－固定資本減耗　101.3
非金融資産の増加　17.5
平成15年の資本取引
非金融資産の増加　17.5
正味資産の変動　32.8
15.3
金融資産の純増　15.5
負債の純増　0.2
平成15年末（残高）
非金融資産　2,551.5
非金融資産（国富）　2,724.3
非金融資産　5,592.6
172.8
非金融資産　5,419.7
対外純資産
合計　8,144.0
(2) 再評価
非金融資産　▲78.3
正味資産の変動　▲92.4
▲14.1
金融資産　66.4
負債　80.5
(3) その他
非金融資産　▲7.8
正味資産の変動　▲7.8
0.0
金融資産　0.0
負債　0.0

と国民貸借対照表（ストック編）の両方が図式化されています。フロー（流量）はある一定期間の経済量，ストック（残高）はある一定時点における経済量をそれぞれ意味しています。日本経済の循環を理解しながら，国民経済計算の用語を学習しましょう。

問題１－１　国民経済計算

⑴　フローとストックのちがいを説明しなさい。

⑵　Ａ～Ｆの経済量をフロー，ストックあるいは両者の組み合わせに分けると，フローに該当するものは次のうちどれですか。

Ａ＝最終消費支出，Ｂ＝実物資産，Ｃ＝粗投資，Ｄ＝国富，Ｅ＝利子率，Ｆ＝国民所得

①　Ａ，Ｃ，Ｆ
②　Ｂ，Ｃ，Ｄ
③　Ａ，Ｄ，Ｅ
④　Ｂ，Ｄ，Ｆ
⑤　Ｃ，Ｅ，Ｆ

⑶　帰属家賃の例を挙げなさい。

《解答＆解答の解説》

⑴　期間を特定しないと意味をもたない経済変数がフロー，時点を特定しないと意味をもたない経済変数がストックです**答え**。問題にしている経済変数がフロー，ストックのいずれであるのか，あるいは，それらの比率であるのかを理解しましょう。

⑵　最終消費支出，粗投資，国民所得はフロー，実物資産，国富はストック，利子率はフロー／ストックです。**答え**は①です。

⑶　例えば，持ち家の家賃，農家の自己消費などです**答え**。

問題１－２　国民所得勘定

(1)　以下の空欄の中に適語を入れなさい。

①　産出額－（　　）＝粗付加価値（国内総生産）

②　国内総生産＋（　　）＝国民総生産

③　国内純生産＝国内総生産－（　　）

④　財貨･サービスの供給＝産出額（国産品）＋（　　）

⑤　財貨･サービスの需要＝中間消費（中間需要）＋（　　）
＝中間消費＋最終消費支出＋（　　）＋財貨･サービスの輸出

⑥　産出額－中間消費＝最終消費支出＋総資本形成＋輸出－（　　）
＝（　　）

⑦　国内需要（内需）＝（　　）＋総資本形成

⑧　（　　）＝財貨･サービスの輸出－財貨･サービスの輸入

⑨　総資本形成＝総固定資本形成＋（　　）

⑩　国内総支出＝最終消費支出（$C+G_C$）＋総資本形成（$I+G_I$）
＋輸出（ＥＸ）－輸入（ＩＭ）
＝民間最終消費支出（Ｃ）＋民間総資本形成（Ｉ）
＋（　　）（Ｇ）＋輸出（ＥＸ）－輸入（ＩＭ）

⑪　粗付加価値＝営業余剰･混合所得＋（　　）＋（生産･輸入品に課される税－補助金）＋固定資本減耗

⑫　営業余剰･混合所得＋雇用者報酬＝（　　）表示の国内所得

⑬　海外からの要素所得（純）＝海外からの雇用者所得（純）＋（　　）

⑭　要素費用表示の国内所得＋海外からの要素所得（純）
＝要素費用表示の（　　）

⑮　要素費用表示の国民所得＋（生産･輸入品に課される税－補助金）
＝（　　）表示の国民所得
＝（　　）（ＮＮＰ）
＝国民総生産（ＧＮＰ）－（　　）

⑯　(　　)表示の国民所得＋海外からの経常移転(純)

＝(　　)

⑰　国民可処分所得＝最終消費支出＋(　　)

⑱　純貯蓄＋固定資本減耗＝(　　)

⑲　海外からの資本移転(純)を無視すると，

(　　)＝(純貯蓄＋固定資本減耗)－総資本形成

＝(　　)－(　　)

⑳　貯蓄投資差額＝(　　)＋その他資本収支

＝(　　)

＝(　　)

⑵　国民純生産＝280，民間最終消費支出＝150，政府最終消費支出＝50，輸出＝40，輸入＝30，固定資本減耗＝20，生産・輸入品に課される税＝20，補助金＝10のとき，次のものを計算しなさい。

①　国民総生産

②　粗投資

③　要素費用表示の国民所得

④　純投資

⑤　ＧＮＰに占める貿易収支の割合

⑶　国民経済計算の「在庫品増加」は「意図せざる在庫」を含むか否かを答えなさい。

⑷　ＧＤＰの三面等価の原則を説明しなさい。

《解答＆解答の解説》

⑴　国民所得勘定の概念

①　産出額－(中間投入)＝粗付加価値(国内総生産)

②　国内総生産＋(海外からの要素所得(純))＝国民総生産

③　国内純生産＝国内総生産－(固定資本減耗)

④　財貨・サービスの供給＝産出額(国産品)＋(財貨・サービスの輸入)

⑤　財貨・サービスの需要＝中間消費(中間需要)＋(最終需要)
＝中間消費＋最終消費支出＋(総資本形成)
＋財貨・サービスの輸出

⑥　産出額－中間消費＝最終消費支出＋総資本形成＋輸出－(輸入)
＝(国内総支出(ＧＤＥ))

⑦　国内需要(内需)＝(最終消費支出)＋総資本形成

⑧　(外需)＝財貨・サービスの輸出－財貨・サービスの輸入

⑨　総資本形成＝総固定資本形成＋(在庫品増加)

⑩　国内総支出＝最終消費支出($C+G_C$)＋総資本形成($I+G_I$)
＋輸出(ＥＸ)－輸入(ＩＭ)
＝民間最終消費支出(Ｃ)＋民間総資本形成(Ｉ)
＋(政府支出)(Ｇ)＋輸出(ＥＸ)－輸入(ＩＭ)

⑪　粗付加価値＝営業余剰・混合所得＋(雇用者報酬)＋(生産・輸入品に課される税－補助金)＋固定資本減耗

⑫　営業余剰・混合所得＋雇用者報酬＝(要素費用)表示の国内所得

⑬　海外からの要素所得(純)＝海外からの雇用者所得(純)
＋(海外からの財産所得(純))

⑭　要素費用表示の国内所得＋海外からの要素所得(純)
＝要素費用表示の(国民所得)

⑮　要素費用表示の国民所得＋(生産・輸入品に課される税－補助金)
＝(市場価格)表示の国民所得
＝(国民純生産)(ＮＮＰ)
＝国民総生産(ＧＮＰ)－(固定資本減耗)

⑯　(市場価格)表示の国民所得＋海外からの経常移転(純)
＝(国民可処分所得)

⑰　国民可処分所得＝最終消費支出＋(純貯蓄)

⑱　純貯蓄＋固定資本減耗＝(粗貯蓄)

⑲ 海外からの資本移転(純)を無視すると,

(貯蓄投資差額)=(純貯蓄+固定資本減耗)−総資本形成

=(粗貯蓄)−(粗投資)

⑳ 貯蓄投資差額=(経常収支)+その他資本収支

=(海外に対する債権の純増)

=(資金過不足)

図1−2 国民所得勘定の諸概念

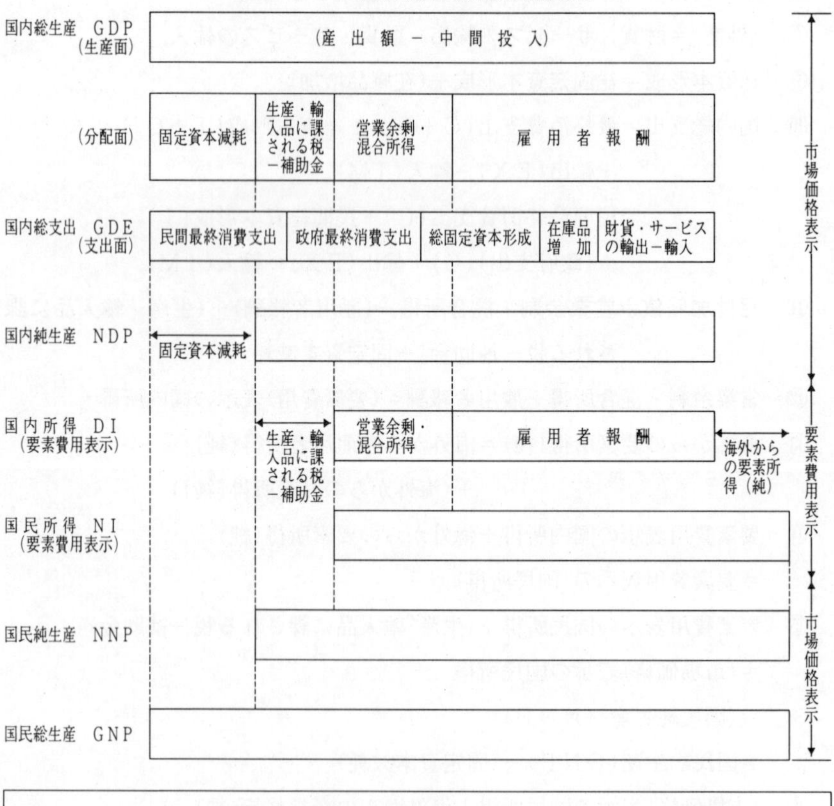

【知っておきましょう】 国内総生産(GDP)と国内純生産(NDP)

国内総生産の総は aggregate ではなく,gross の訳です。したがって,

ＧＤＰは国内粗生産を意味しています。粗（Gross）と純（Net）の差は固定資本減耗（企業会計では減価償却費と呼ばれています）の有無です。

国内純生産＝国内総生産－固定資本減耗

⑵　国民所得勘定の計算

①　国民総生産＝国民純生産＋固定資本減耗＝280＋20＝300　**答え**

②　粗投資＝国民総生産－(民間最終消費支出＋政府最終消費支出＋輸出－輸入)

＝300－(150＋50＋40－30)＝90　**答え**

③　要素費用表示の国民所得＝国民純生産－(生産・輸入品に課される税－補助金)

＝280－(20－10)＝270　**答え**

④　純投資＝粗投資－固定資本減耗＝90－20＝70　**答え**

⑤　ＧＮＰに占める貿易収支の割合＝$\frac{40-30}{300}=\frac{1}{30}$　**答え**

【知っておきましょう】　国民所得勘定についての試験対策

この種のタイプの過去の問題を検討すると，次の４つの式を暗記していれば試験対策としては万全です。

①　ＮＮＰ＝ＧＮＰ－固定資本減耗

②　ＮＩ＝ＮＮＰ－（生産・輸入品に課される税－補助金）

③　$Y=C+I+G_C+G_I+EX-IM$

④　$S+T+IM=I+G+EX$

まずは４つの式を書いて，問題の中の数値を書き入れることです。④の左辺（貯蓄＋租税＋輸入）は経済からエネルギーを奪うもの，右辺（投資＋政府支出＋輸出）はエネルギーを注入するものです。

⑶　国民経済計算の諸概念は事後の概念であり，その「在庫品増加」は「意図せざる在庫」を含んでいます 答え 。

⑷　それは，ＧＤＰの次の３つが同値であることを意味しています。

①　生産面：産出額－中間投入

②　支出面：ＧＤＥ（国内総支出）

③　分配面：営業余剰・混合所得＋雇用者報酬＋(生産・輸入品に課される税－補助金)＋固定資本減耗

問題１－３　貯蓄投資差額

国内総生産＝1,200，可処分所得＝900，消費＝650，政府の財政黒字＝70，経常海外余剰＝40のとき，以下の問いに答えなさい。

⑴　民間投資を求めなさい。

⑵　政府支出を求めなさい。

≪解答＆解答の解説≫

⑴「貯蓄＝投資」で表した生産物市場の需給均衡式は，

①　$Y=C+I \Leftrightarrow S=I$　（民間貯蓄＝民間投資）

②　$Y=C+I+G \Leftrightarrow S+T=I+G$

です（⇔は同値の意味です）。

$G=G_C+G_I$（G＝政府支出，G_C＝政府消費，G_I＝政府投資）として，$(T-G_C)$＝政府貯蓄であり，$\{(T-G_C)-G_I\}$ が「政府貯蓄－政府投資」です。

③　$Y=C+I+G+EX-IM \Leftrightarrow S+T+IM=I+G+EX$

です。

本問題では，海外部門（EX＝輸出，IM＝輸入）が考慮され，

$(S-I)+\{(T-G_C)-G_I\}+(IM-EX)=0$

です。

$Y-T$＝可処分所得

であり，

$S \equiv (Y-T)-C=900-650=250$　（民間貯蓄の定義）

です。

$(S-I)=250-I$

$(T-G_C)-G_I$＝政府の財政黒字＝70

$(IM-EX)$＝経常海外余剰＝40

であり，$(EX-IM)=-40$です。

$(250-I)+70+(-40)=0$

であるので，

$I=280$　**答え**

です。

⑵　$Y_d=Y-T$　（可処分所得の定義）

であるので，

$900=1,200-T$

より，$T=300$が得られます。

$T-G=70$　（政府の財政黒字）

であるので，

$300-G=70$

より，$G=230$ **答え** を得ることができます。

問題１－４　資金循環表

⑴　金融取引表と金融資産負債残高表の関係を説明しなさい。

⑵　資金の源泉と資金の使途を説明しなさい。

⑶　貯蓄投資差額と資金過不足の関係を説明しなさい。

⑷　縦の経済部門分割と横の取引項目分類が金融取引表を構成している２本の柱です。

①　金融取引表を縦に見れば，何が分かりますか。

②　海外部門の資金過不足は何を表していますか。

③　金融取引表を横に見れば，何が分かりますか。

≪解答＆解答の解説≫

⑴　　期首時点の金融資産負債残高表
　＋）金融取引表
　＋）調整表
　　　期末時点の金融資産負債残高表

⑵　資本移転を無視すると，

資金の源泉（入）＝純貯蓄＋固定資本減耗＋負債の純増
　　　　　　　　＝粗貯蓄＋負債の純増
資金の使途（出）＝総資本形成＋金融資産の純増

図１－３　資金の源泉と資金の使途

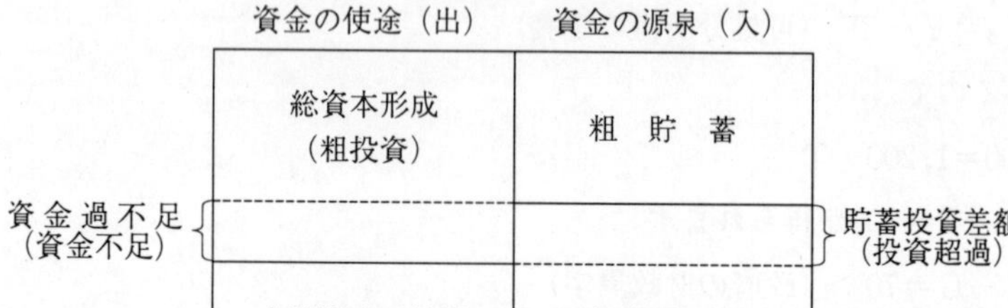

（注）資本移転を無視しています。

⑶　資金の源泉≡資金の使途であるので，

粗貯蓄＋負債の純増≡粗投資＋金融資産の純増

であり，

粗貯蓄－粗投資≡金融資産の純増－負債の純増
（貯蓄投資差額）　　　（資金過不足）

です。貯蓄投資差額と資金過不足とは裏表の関係にあります。同じものを実物サイドから見たときは貯蓄投資差額，金融サイドから見たときは資金過不足とそれぞれ呼ばれています。

①　貯蓄超過（貯蓄＞投資）⇔ 資金余剰（金融資産の純増＞負債の純増）

⇔は同値の記号です。資金が余剰，すなわち「もとで」があるので金融資産を購入，負債を返済します。

② 投資超過（貯蓄＜投資）⇔ 資金不足（金融資産の純増＜負債の純増）

資金が不足，すなわち「もとで」がないので金融資産を売却，負債を増加します。

⑷ 金融取引表の見方

① 金融取引表を縦に見れば，

㈠ 各経済部門が貯蓄超過・資金余剰，投資超過・資金不足のいずれであるのかが分かります。資金過不足は必ず負債欄に計上されます。プラス表示は資金余剰，マイナス（Δ）表示は資金不足をそれぞれ示しています。

㈡ 資金余剰部門であればいかなる金融資産に資金運用（あるいは，いかなる負債を返済）しているのか，資金不足部門であればいかなる負債で資金調達（あるいは，いかなる金融資産を売却）しているのかが分かります。

② 海外部門の資金過不足に（−１）をかけたものは，わが国の「経常収支＋その他資本収支」（国内経済部門の資金過不足の合計）です。

③ 金融取引表を，横に見ると，どの経済部門からどの経済部門へ，いかなる形態で資金（通貨・信用）が流れたかが分かります。

問題１－５　産業連関表（投入産出表）

下の表は産業連関表を単純化したものです。以下の問いに答えなさい。

表１－１　産業連関表

		中間需要		最終需要	産出額
		第１産業	第２産業		
中間投入	第１産業	20	①	70	$X_{1.}$ 100
	第２産業	X_{21}②	X_{22}50	$F_{2.}$ 130	$X_{2.}$ 200
粗付加価値		$V_{.1}$60	$V_{.2}$③		
産出額		$X_{.1}$④	$X_{.2}$200		

(1) 表中の空所①～④を埋めなさい。

(2) 第１産業の中間投入のうち第２産業からの購入分はいくらですか。

(3) この経済の国内総生産を求めなさい。

(4) 産業連関表を横欄（行）に沿って見れば，何が分かりますか。

(5) 産業連関表を縦欄（列）に沿って見れば，何が分かりますか。

(6) この産業連関表の投入係数行列を求めなさい。

(7) この産業連関表の逆行列（レオンティエフの逆行列）係数を求めなさい。

(8) 第１産業の財に対する最終需要が10増加したとき，第１，２産業における産出量はいくらになりますか。

≪解答＆解答の解説≫

(1) 空所①～④の解答

①＝100－20－70＝10 答え

②＝100－20－60＝20 答え

③＝200－①－50＝200－10－50＝140 答え

④＝100 答え

(2) 産業連関表は国内概念です。各産業の粗付加価値の合計は国内総生産です。答え は②の20です。

(3) 60＋140＝200 答え

(4) 横欄（行）に沿って，各産業の産出額の販路構成を知ることができます。

中間需要(X_{ij})＋最終需要($F_{i\cdot}$)＝産出額($X_{i\cdot}$)

であり，

$(X_{11}+X_{12})+F_1=X_1$ （第１産業）

$(X_{21}+X_{22})+F_2=X_2$ （第２産業）

です。ここで，

X_{ij}＝第ｊ産業の生産活動のために投入された第ｉ産業の財の額

$X_i(=X_{i\cdot})$, $X_j(=X_{\cdot j})$＝第 i , j 産業の産出額

$F_i=F_{i\cdot}$＝第 i 産業の財に対する最終需要

表１－２　産業連関表

		中間需要		最終需要	産出額
		第１産業	第２産業		
中間投入	第１産業	X_{11}	X_{12}	$F_{1\cdot}$	$X_{1\cdot}$
	第２産業	X_{21}	X_{22}	$F_{2\cdot}$	$X_{2\cdot}$
粗付加価値		$V_{\cdot 1}$	$V_{\cdot 2}$		
産出額		$X_{\cdot 1}$	$X_{\cdot 2}$		

⑸　縦欄（列）に沿って，各産業の産出額の費用構成を知ることができます。

中間投入(X_{ij})＋粗付加価値$(V_{\cdot j})$＝産出額$(X_{\cdot j})$

であり，

$(X_{11}+X_{21})+V_1=X_1$　（第１産業）

$(X_{12}+X_{22})+V_2=X_2$　（第２産業）

です。ここで，

X_{ij}＝第 j 産業の生産活動のために投入された第 i 産業の財の額

$X_i(=X_{i\cdot})$, $X_j(=X_{\cdot j})$＝第 i , j 産業の産出額

$V_j=V_{\cdot j}$＝第 j 産業の粗付加価値

⑹　縦欄（列）より，各産業間の技術的依存関係を知ることができます。投入係数（$a_{ij}=\dfrac{X_{ij}}{X_{\cdot j}}$）とは，第 j 産業の財１単位の産出のために投入された第 i 産業の財の大きさのことです。

投入係数行列は，

$$A=\begin{bmatrix}\dfrac{X_{11}}{X_{\cdot 1}} & \dfrac{X_{12}}{X_{\cdot 2}}\\ \dfrac{X_{21}}{X_{\cdot 1}} & \dfrac{X_{22}}{X_{\cdot 2}}\end{bmatrix}=\begin{bmatrix}a_{11} & a_{12}\\ a_{21} & a_{22}\end{bmatrix}$$

$$=\begin{bmatrix}\dfrac{20}{100} & \dfrac{10}{200}\\ \dfrac{20}{100} & \dfrac{50}{200}\end{bmatrix}=\begin{bmatrix}0.2 & 0.05\\ 0.2 & 0.25\end{bmatrix}$$　**答え**

(7)　横に見ると，

$X_{11}+X_{12}+F_1=X_1$　（第１産業の販路構成）

$X_{21}+X_{22}+F_2=X_2$　（第２産業の販路構成）

であり，

$$\frac{X_{11}}{X_1}X_1+\frac{X_{12}}{X_2}X_2+F_1=X_1$$

$$\frac{X_{21}}{X_1}X_1+\frac{X_{22}}{X_2}X_2+F_2=X_2$$

です。

投入係数を用いれば，次のように書くことができます。

$$a_{11}X_1+a_{12}X_2+F_1=X_1$$

$$a_{21}X_1+a_{22}X_2+F_2=X_2$$

整理すると，

$$(1-a_{11})X_1-a_{12}X_2=F_1$$

$$-a_{21}X_1+(1-a_{22})X_2=F_2$$

であり，これを行列表示すれば，次のようになります。

$$\begin{bmatrix}(1-a_{11}) & -a_{12}\\ -a_{21} & (1-a_{22})\end{bmatrix}\times\begin{bmatrix}X_1\\ X_2\end{bmatrix}=\begin{bmatrix}F_1\\ F_2\end{bmatrix}$$

以下の行列・行列式の記述については，公式のごとく理解・暗記して下さい。

$$D=\begin{bmatrix}(1-a_{11}) & -a_{12}\\ -a_{21} & (1-a_{22})\end{bmatrix}$$

とおきます。

以下で，D^{-1}は行列Dの逆行列，$|D|\,[=(1-a_{11})\cdot(1-a_{22})-a_{12}\cdot a_{21}]$は行列式です。

$$\begin{bmatrix}X_1\\ X_2\end{bmatrix}=D^{-1}\begin{bmatrix}F_1\\ F_2\end{bmatrix}$$

$$=\begin{bmatrix}\dfrac{1-a_{22}}{|D|} & \dfrac{a_{12}}{|D|}\\ \dfrac{a_{21}}{|D|} & \dfrac{1-a_{11}}{|D|}\end{bmatrix}\begin{bmatrix}F_1\\ F_2\end{bmatrix}$$

$$= \begin{bmatrix} b_{11} & b_{12} \\ b_{21} & b_{22} \end{bmatrix} \begin{bmatrix} F_1 \\ F_2 \end{bmatrix}$$

$$|D| = (1-0.2)(1-0.25) - 0.05\times0.2 = 0.6 - 0.01 = 0.59$$

であり，レオンティエフの逆行列係数は次のとおりです **答え**。

$$b_{11} = \frac{1-0.25}{0.59},\quad b_{12} = \frac{0.05}{0.59}$$

$$b_{21} = \frac{0.2}{0.59},\quad b_{22} = \frac{1-0.2}{0.59}$$

【知っておきましょう】 行列，行列式および逆行列

⑴　正方行列Dは括弧によって囲まれていますが，Dの行列式は縦線によって囲まれ，$|D|$によって表されます。

⑵　Dの行列式の定義は次のとおりです。

例えば，

$$|D| = \begin{vmatrix} 10 & 4 \\ 8 & 5 \end{vmatrix} = 10\times5 - 8\times4 = 18$$

⑶　逆行列は次のようにして求めます。

①　主対角要素を入れ替えます（$(1-a_{11})$ と $(1-a_{22})$ の入れ替え）。

②　その他の項目にマイナス符号をつけます（$-(-a_{12})$，$-(-a_{21})$）。

③　このようにして求められた行列要素を$|D|$で割ります。

⑻　逆行列係数b_{ij}は第j産業の最終需要が1単位増加したとき，第i産業の産出額がどれだけ増加するかを示しています。

$$F_1 = 70 + 10 = 80$$

$$F_2 = 130$$

です。

$$\begin{bmatrix} X_1 \\ X_2 \end{bmatrix} = \begin{bmatrix} b_{11} & b_{12} \\ b_{21} & b_{22} \end{bmatrix} \begin{bmatrix} F_1 \\ F_2 \end{bmatrix} = \begin{bmatrix} \frac{75}{59} & \frac{5}{59} \\ \frac{20}{59} & \frac{80}{59} \end{bmatrix} \begin{bmatrix} 80 \\ 130 \end{bmatrix}$$

より，

$$X_1 = b_{11} \times F_1 + b_{12} \times F_2 = \frac{75}{59} \times 80 + \frac{5}{59} \times 130$$
$$= \frac{6,650}{59} \fallingdotseq 113$$ （答え：第1産業の産出量）

$$X_2 = b_{21} \times F_1 + b_{22} \times F_2 = \frac{20}{59} \times 80 + \frac{80}{59} \times 130$$
$$= \frac{12,000}{59} \fallingdotseq 203$$ （答え：第2産業の産出量）

問題1－6　国民貸借対照表

(1)　期首時点と期末時点の国民貸借対照表の関係を説明しなさい。

(2)　国富とは何ですか。

≪解答＆解答の解説≫

(1)　期首時点と期末時点の国民貸借対照表の関係は次のとおりです。

期首時点の国民貸借対照表
＋）期間中の調整（価格の変化等）
＋）期間中の資本取引
期末時点の国民貸借対照表

(2)　国民貸借対照表より，

非金融資産＋金融資産(対外・対内)＝正味資産＋負債(対外・対内)

が得られます。債権者・債務者がともに日本人であれば，それらの債権・債務は日本人全体としては相殺されるので，

非金融資産＋金融資産(対外)＝正味資産(国富)＋負債(対外)

であり，

国富＝非金融資産＋(金融資産(対外)－負債(対外))
　　＝非金融資産＋対外純資産　（答え：国富の定義式）

です。

問題1－7　国際収支表

以下の空欄の中に適語を入れなさい。

①　総合収支（国際収支)＝(　　)＋資本収支

②　(　　)＝貿易・サービス収支＋所得収支＋経常移転収支

③　貿易・サービス収支＝(　　)＋サービス収支

④　資本収支＝(　　)＋その他資本収支

⑤　投資収支＝直接投資＋(　　)＋その他投資

⑥　金融収支：(　　)

⑦　海外に対する債権の純増＝(　　)＋海外からの資本移転(純)
　＝輸出－輸入＋海外からの要素所得(純)＋(　　)
　　＋海外からの資本移転（純)

≪解答＆解答の解説≫

①　総合収支(国際収支)＝(経常収支)＋資本収支

②　(経常収支)＝貿易・サービス収支＋所得収支＋経常移転収支

③　貿易・サービス収支＝(貿易収支)＋サービス収支

④　資本収支＝(投資収支)＋その他資本収支

⑤　投資収支＝直接投資＋(証券投資)＋その他投資

⑥　金融収支：(外貨準備増減)

⑦　海外に対する債権の純増＝(国民経常余剰)＋海外からの資本移転(純)
　＝輸出－輸入＋海外からの要素所得(純)＋(海外からの経常移転(純))
　　＋海外からの資本移転(純)

II　GDP

「人の経済力は年収と財産で測られますが，国の経済力は何で測るのでしょうか。」日本経済のサイズを表している指標は，フローでは１年間の国内総生産（ＧＤＰ），ストックでは年末の国富です。

以下の記号をしっかり暗記しておきましょう。

Ｃ＝民間最終消費支出

G_C＝政府最終消費支出

I＝民間の総資本形成（民間粗投資）

G_I＝政府の総資本形成（政府粗投資）

$G = G_C + G_I$＝政府支出

EX＝財貨・サービスの輸出

IM＝財貨・サービスの輸入

Y＝GDP（国内総生産）あるいはGDE（国内総支出）

名目GDPと実質GDPの区別を理解し，２つの物価指数（パーシェ指数とラスパイレス指数）を学びましょう。

問題１−８　GDP

国内総生産（GDP）の定義に関する次の記述のうち，正しいものはどれですか。

①　GDPを支出側から定義すると，国内民間消費，国内民間投資（在庫投資を含む），政府支出，財貨・サービスの輸出の合計と一致する。

②　GDPを支出側から定義した場合の企業設備投資の概念は，実際の投資額から減価償却（資本減耗）を控除したものになる。

③　GDPは国内企業の原材料，製品の仕入高の合計と一致する。

④　直接税は生産活動の結果に対する課税であるため，GDPの定義とは無関係である。　　　（「証券アナリスト第１次試験」平成12年度）

≪解答＆解答の解説≫

答え は④です。①は誤りです。というのは，GDPは，民間消費，民間投資，政府支出，財貨・サービスの輸出の合計から財貨・サービスの輸入を控除したものだからです。②は誤りです。というのは，GDPにおける企業設備投資の概念には減価償却（資本減耗）が含まれているからです。③は誤りです。というのは，GDPはすべての財貨・サービスの産出額から中間投入を控除した最終生産物の合計と一致し，中間投入である国内企業の原材料，製品の仕入高の合計とは一致しないからです。

問題1－9　実質GDPとGDPデフレーター

X_1，X_2の2つの財のみを生産している国民経済を考えます。この国民経済の基準年（0）と比較年（1）における，2つの財X_1，X_2の価格，産出量が下の表で与えられています。以下の問いに答えなさい。

	基準年（0）	比較年（1）
価　格	$P_1^0=10$，$P_2^0=10$	$P_1^1=10$，$P_2^1=15$
産　出　量	$x_1^0=10$，$x_2^0=10$	$x_1^1=12$，$x_2^1=8$

(1)　基準年と比較年の名目GDPを求めなさい。

(2)　比較年の実質GDPを求めなさい。

(3)　比較年のGDPデフレーターを求めなさい。

(4)　パーシェ指数とラスパイレス指数のちがいを説明しなさい。

≪解答＆解答の解説≫

(1)　GDPを構成する財をX_1，X_2だけであると仮定しているので，

①　第t年中の名目GDP＝$P_1^t x_1^t + P_2^t x_2^t$（第t年価格での評価）

②　第t年中の実質GDP＝$P_1^0 x_1^t + P_2^0 x_2^t$（基準年次価格での評価）

です。ですから，

基準年（第0年中）の名目GDP＝10×10＋10×10＝200　**答え**

比較年（第1年中）の名目GDP＝10×12＋15×8＝240　**答え**

(2)　比較年の実質GDPは基準年の価格で評価したGDPです。

比較年（第1年中）の実質GDP＝10×12＋10×8＝200　**答え**

(3)　比較年のGDPデフレーター＝$\dfrac{名目GDP}{実質GDP}\times 100$

です。

比較年のGDPデフレーター＝$\dfrac{240}{200}\times 100=120$　**答え**

(4)　一般物価水準の変化を知るためには，同じモノ（財のバスケット）を購入して，それらの購入金額を異時点間で比較する必要があります。

① パーシェ指数（GDPデフレーター）

比較時の財のバスケット（q_1^t，q_2^t）を考えています。第t年の財のバスケットを第0，t時点の価格でそれぞれ評価しています。

$$\frac{p_1^t q_1^t + p_2^t q_2^t}{p_1^0 q_1^t + p_2^0 q_2^t} \times 100$$

② ラスパイレス指数（企業物価指数・消費者物価指数）

基準時の財のバスケット（q_1^0，q_2^0）を考えています。第0年の財のバスケットを第0，t時点の価格でそれぞれ評価しています。

$$\frac{p_1^t q_1^0 + p_2^t q_2^0}{p_1^0 q_1^0 + p_2^0 q_2^0} \times 100$$

問題１－10　名目ＧＤＰと実質ＧＤＰ

国内の高炉メーカーはフル生産していて，増産は不可能である。輸出はなく，輸入は国内需要の10%である。このとき，高炉生産に対する国内需要が増え，高炉製品価格が高騰した。国内の高炉メーカーは依然フル生産を続け，輸出の余裕がない。在庫の増減もない。以上の状況とＧＤＰの定義に基づき，高炉製品の需要増のみを取り上げると，それが名目もしくは実質ＧＤＰにどのように寄与するかについて，次の記述のうち正しいものはどれですか。

① 高炉製品の輸入量が変わらないとすれば，高炉製品に対する需要の増加は，実質，名目ともにＧＤＰの増加要因となる。

② 高炉製品の輸入量が変わらないとすれば，高炉製品の価格の高騰はＧＤＰデフレーターの上昇だけをもたらす。

③ 需要増によって高炉製品の輸入量が増えたとすれば，実質ＧＤＰを減少させる要因となる。

④ ＧＤＰは国内生産に関する統計であるから，高炉製品の価格の高騰で輸入額が増加したとしても，名目ＧＤＰとは無関係である。

（「証券アナリスト第１次試験」平成12年度）

≪解答＆解答の解説≫

答え は③です。①は誤りです。というのは，高炉製品の輸入量が変わらないとすれば，高炉製品に対する需要の増加は高炉製品価格を上昇させるため，名目ＧＤＰは増加するが，生産量は変化しないので実質ＧＤＰは変化しないからです。②は誤りです。というのは，ＧＤＰデフレーターの上昇によって名目ＧＤＰも増大するからです。④は誤りです。というのは，高炉製品の価格の高騰は，名目ＧＤＰを増加させるからです。

問題１－11　需要項目別の寄与度

内需主導型の景気拡大をしていると考えられる経済は，次の中のどれですか。

① 今期の実質ＧＤＰの需要項目別の寄与度（前期比）は，民間消費が1.3%，民間投資が0.9%，政府支出が0.4%，輸出が0.5%，輸入が0.3%であり，また，前期の実質ＧＤＰ成長率（前期比）は4.2%であった。

② 今期の実質ＧＤＰの需要項目別の寄与度（前期比）は，民間消費が1.1%，民間投資が－1.7%，政府支出が1.1%，輸出が0.5%，輸入が0.1%であり，また，前期の実質ＧＤＰ成長率（前期比）は0.7%であった。

③ 今期の実質ＧＤＰの需要項目別の寄与度（前期比）は，民間消費が0.9%，民間投資が0.8%，政府支出が0.3%，輸出が0.6%，輸入が－1.3%であり，また，前期の実質ＧＤＰ成長率（前期比）は0.6%であった。

④ 今期の実質ＧＤＰの需要項目別の寄与度（前期比）は，民間消費が1.0%，民間投資が0.4%，政府支出が0.4%，輸出が0.5%，輸入が－0.7%であり，また，前期の実質ＧＤＰ成長率（前期比）は2.1%であった。

≪解答＆解答の解説≫

「寄与度」は平たくいえば景気に対する役立ち度です。実質ＧＤＰのある項

目をXとするとXの寄与度は，

$$\text{Xの寄与度}=\frac{\text{今期のX}-\text{前期のX}}{\text{前期の実質GDP}}$$

$$=\frac{\text{今期のX}-\text{前期のX}}{\text{前期のX}}\times\frac{\text{前期のX}}{\text{前期の実質GDP}}$$

＝Xの増加率×前期のXの実質ＧＤＰに占める割合

として求めることができます。

① 内需の寄与度＝民間消費1.3＋民間投資0.9＋政府支出0.4＝2.6％
　外需の寄与度＝輸出0.5＋輸入0.3＝0.8％
　今期の実質ＧＤＰの成長率＝2.6＋0.8＝3.4<4.2

② 内需の寄与度＝民間消費1.1＋民間投資(−1.7)＋政府支出1.1
　＝0.5％
　外需の寄与度＝輸出0.5＋輸入0.1＝0.6％
　今期の実質ＧＤＰの成長率＝0.5＋0.6＝1.1>0.7

③ 内需の寄与度＝民間消費0.9＋民間投資0.8＋政府支出0.3＝2.0％
　外需の寄与度＝輸出0.6＋輸入(−1.3)＝−0.7％
　今期の実質ＧＤＰの成長率＝2.0＋(−0.7)＝1.3>0.6

④ 内需の寄与度＝民間消費1.0＋民間投資0.4＋政府支出0.4＝1.8％
　外需の寄与度＝輸出0.5＋輸入(−0.7)＝−0.2％
　今期の実質ＧＤＰの成長率＝1.8＋(−0.2)＝1.6<2.1

以上より，③ **答え** において内需の寄与度が外需の寄与度を上回り，また今期の実質ＧＤＰ成長率が前期の実質ＧＤＰ成長率を上回っていることから，内需主導型の景気拡大をしているといえます。ここで，外需の寄与度は，輸入の寄与度の符号（プラスあるいはマイナス）をそのまま計算することに注意しなければなりません。

表１－３　寄与度（国内総生産の推移）

	2005年度		2005年			2006年		
	名目	実質	4～6月期	7～9月期	10～12月期	1～3月期	4～6月期	寄与度
○国内総生産	505,328.4 (1.8)	543,099.4 (3.2)	538,922.9 (1.4)	539,947.8 (0.2)	545,854.1 (1.1)	549,494.6 (0.7)	550,533.7 (0.2)	0.2
○年率換算成長率	―	―	(5.7)	(0.8)	(4.4)	(2.7)	(0.8)	
○個人消費	289,838.5 (1.6)	304,594.0 (2.3)	303,068.5 (0.7)	304,421.8 (0.4)	306,376.2 (0.6)	306,986.7 (0.2)	308,449.6 (0.5)	0.3
○住宅投資	18,436.8 (0.7)	18,658.4 (▲0.2)	18,198.9 (▲1.5)	18,540.8 (1.9)	18,872.1 (1.8)	19,004.7 (0.7)	18,497.1 (▲2.7)	▲0.1
○設備投資	76,066.2 (6.8)	84,089.9 (7.5)	82,080.1 (1.9)	83,529.2 (1.8)	83,767.7 (0.3)	86,536.9 (3.3)	89,837.5 (3.8)	0.6
○民間在庫	▲169.0 (－)	25.6 (－)	1,407.1 (－)	▲1,194.5 (－)	▲544.3 (－)	▲204.7 (－)	▲1,412.9 (－)	▲0.2
○政府消費	90,430.1 (1.3)	95,199.0 (1.5)	94,983.0 (0.4)	95,152.5 (0.2)	95,308.3 (0.2)	95,354.3 (0.0)	95,170.0 (▲0.2)	▲0.0
○公共投資	23,988.5 (▲0.1)	24,220.1 (▲1.4)	24,561.0 (1.4)	24,642.8 (0.3)	23,977.6 (▲2.7)	23,838.6 (▲0.6)	22,744.4 (▲4.6)	▲0.2
○公的在庫	235.2 (－)	288.6 (－)	302.1 (－)	310.9 (－)	301.1 (－)	240.6 (－)	243.9 (－)	0.0
○純　輸　出	6,502.2 (－)	16,504.1 (－)	14,591.1 (－)	14,933.0 (－)	18,108.8 (－)	18,334.4 (－)	17,940.3 (－)	▲0.1
○輸　　出	74,902.1 (11.7)	75,983.3 (9.1)	72,422.7 (3.6)	74,691.8 (3.1)	77,499.7 (3.8)	79,220.9 (2.2)	79,909.3 (0.9)	0.1
○輸　　入	68,399.9 (17.7)	59,479.2 (6.5)	57,831.7 (1.9)	59,758.8 (3.3)	59,390.9 (▲0.6)	60,886.4 (2.5)	61,969.1 (1.8)	▲0.2

（注）　参照年は2000年，単位10億円，四半期の数値は季節調整済みの年率換算（実質），カッコ内は前年比または前期比増減率，▲は減。

資料：『日本経済新聞』2006年８月12日より作成。

【知っておきましょう】 年 率 換 算

各月や各四半期の増減率を年ベースに換算する方法は「年率換算」と呼ばれています。前期比の増減率を，各月の統計を12乗した数字，各四半期の統計を４乗した数字が年率の成長率になります。年率換算した成長率は「瞬間風速」と呼ばれることがあります。例えば，１～３月期のＧＤＰが前期比1.93%増のとき，$(1+0.0193)^4 \fallingdotseq 1.079$であるので，年率換算の成長率は7.9%です。

Chapter II

国民経済の需要

有効需要不足で不況である，あるいは不況から脱出するためにはサプライ・サイドの構造改革が必要であるといわれています。国民経済全体の需要と供給とは何でしょうか。ミクロ経済学では，一消費者の需要，一生産者の供給，消費者全体の市場需要，生産者全体の市場供給を取り上げています。マクロ経済学では，５つの制度部門（非金融法人企業，金融機関，一般政府，対家計民間非営利団体，家計）全体の需要と供給を取り上げます。

マクロ経済学では，まず次の記号の意味を丸暗記しなければなりません。

Ｙ＝国内総生産（ＧＤＰ）あるいは国内総支出（ＧＤＥ）

Ｃ＝民間の消費需要

G_C＝政府の消費需要

Ｉ＝民間の投資需要

G_I＝政府の投資需要

$G = G_C + G_I$＝政府の需要

ＥＸ＝輸出

ＩＭ＝輸入

Ｃは消費（consumption）のＣ，Ｉは投資（investment）のＩ，Ｇは政府支出（government expenditure）のＧ，ＥＸは輸出（export）のＥＸ，ＩＭは輸入（import）のＩＭであり，覚えましょう。消費，投資などをＣ，Ｉで話ができるようにしましょう。

「国民所得勘定」の基本式は次のものです（☞ p.15）。

国内総生産≡国内総支出

≡民間の消費需要（C）＋民間の投資需要（I）

＋政府の需要（G）＋輸出（EX）－輸入（IM）

国内総生産は国民経済の供給サイド，国内総支出は需要サイドをそれぞれ表しています。GDP（Gross Domestic Product：国内総生産），GDE（国内総支出：Gross Domestic Expenditure）は同じものを生産面，支出面のそれぞれから見ているので，上記の式においては，恒等式の記号（≡）をあえて用いています。

I　消　費

消費が低迷しているから不況なのでしょうか，不況だから消費が低迷しているのでしょうか。ケインズ型の消費関数・貯蓄関数を図示しながら理解しましょう。絶対所得仮説，相対所得仮説（時間的相対所得仮説と空間的相対所得仮説），ライフ・サイクル仮説，恒常所得仮説を理解しましょう。

問題2－1　ケインズ型消費関数

ケインズ型消費関数がC＝60＋0.7Yで表されています。ここで，C＝消費，Y＝所得です。以下の問いに答えなさい。

(1)　上記の消費関数を図示しなさい。

(2)　上記の消費関数で60と0.7はそれぞれ何と呼ばれていますか。

(3)　次のうち正しい記述はどれですか。以下では，APC＝平均消費性向，MPC＝限界消費性向です。

①　APCは一定ですが，MPCは所得の増加に伴って逓増します。

②　APCは一定ですが，MPCは所得の増加に伴って逓減します。

③　MPCは一定ですが，APCは所得の増加に伴って逓増します。

④　MPCは一定ですが，APCは所得の増加に伴って逓減します。

⑤　ＭＰＣは所得の増加に伴って逓増し，ＡＰＣは逓減します。

(4)　貯蓄関数を求めなさい。

≪解答＆解答の解説≫

(1)

図２－１　ケインズ型消費関数

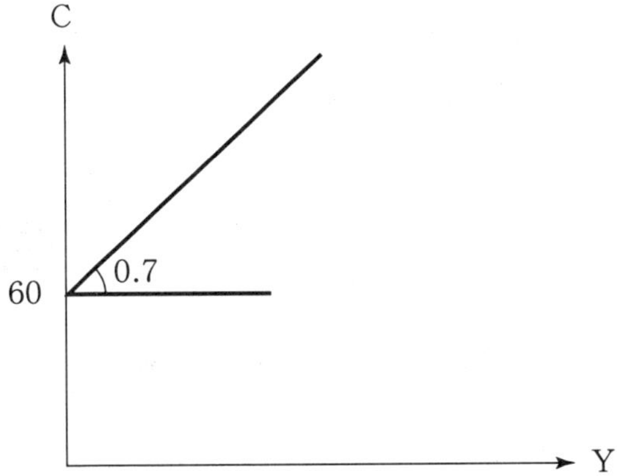

(2)　60は基礎消費，0.7は限界消費性向とそれぞれ呼ばれています。

(3)　線型のケインズ型消費関数$C=C(Y)=C_0+cY \quad 0<c<1$

において，

$$\frac{dC}{dY}=c=\text{限界消費性向}$$

$$\frac{C}{Y}=\frac{C_0}{Y}+c=\text{平均消費性向}$$

です。ケインズ型消費関数の特徴は，

①　基礎消費C_0は正（$C_0>0$）です。

②　平均消費性向$\frac{C}{Y}$はＹの増加に伴って逓減します。

③　どの水準のＹをとっても，限界消費性向＜平均消費性向です。

かくて，**答え**は④です。

【知っておきましょう】 消費性向と貯蓄性向

Y＝C＋S　より，

① 平均消費性向＋平均貯蓄性向＝1

$$\frac{Y}{Y}=\frac{C}{Y}+\frac{S}{Y}=1$$

② 限界消費性向＋限界貯蓄性向＝1

$$\frac{dY}{dY}=\frac{dC}{dY}+\frac{dS}{dY}=1$$

「平均消費性向＝限界消費性向＝一定」,「平均貯蓄性向＝限界貯蓄性向＝一定」は原点より描かれる線形の関数です。

(4) 政府部門を考慮しないときは，貯蓄は $S \equiv Y - C$ と定義されます。

$S = Y - C = Y - (60 + 0.7Y) = -60 + (1 - 0.7)Y$ 答え

であり，(1 −0.7) は限界貯蓄性向です。

図2－2　消費関数と貯蓄関数

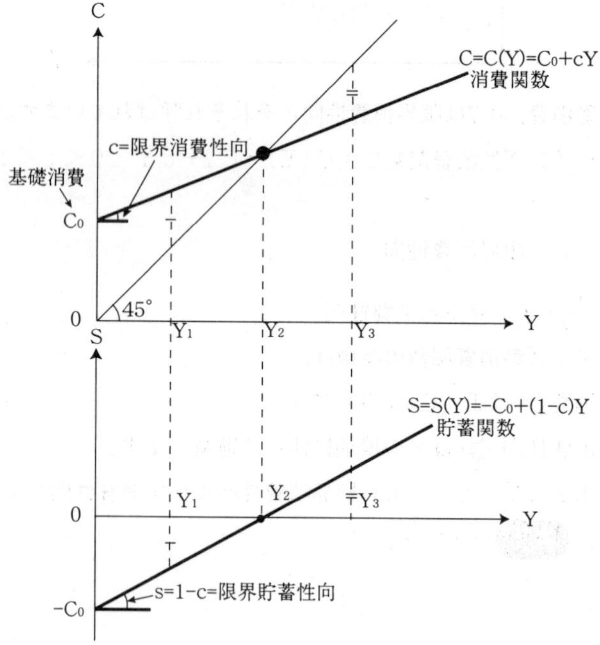

【知っておきましょう】 貯蓄の定義

貯蓄の定義は，政府部門を考慮しないときと，するときでは異なっています。

S≡Y－C　　　(政府部門を考慮しないときの貯蓄)

S≡Y－T－C　(政府部門を考慮するときの貯蓄)

問題２－２　消費関数論争

(1)　消費関数論争とは何についての論争ですか。

(2)　J．S．デューゼンベリーの２つの相対所得仮説を説明しなさい。

①　時間的相対所得仮説（歯止め効果）

②　空間的相対所得仮説（デモンストレーション効果）

(3)　F．モディリアーニ，R．ブランバーグ，A．アンドーのライフ・サイクル仮説を説明しなさい。

(4)　M．フリードマンの恒常所得仮説を説明しなさい。

≪解答＆解答の解説≫

(1)　論争の焦点は，ケインズ型の短期消費関数（$C=C_0+cY$：平均消費性向は所得の増加に伴い逓減します）とクズネッツ型の長期消費関数（$C=cY$：平均消費性向は一定です）をいかに矛盾なく説明できるかということでした。ここでは，長期＝成長トレンド，短期＝成長トレンドをめぐる循環と理解されています。ケインズ型の短期消費関数は絶対所得仮説と呼ばれています。

(2)　２つの相対所得仮説

①　時間的相対所得仮説（歯止め効果）

Y＝今期の所得水準，Y^{max}＝過去の所得の最高水準として，時間的相対所得仮説は次のように定式化されます。

$C=C(Y,\ Y^{max})=aY+bY^{max}$　$a>0,\ b>0$　（消費関数）

平均消費性向は，

$$\frac{C}{Y}=a+b\frac{Y^{max}}{Y} \quad \text{（平均消費性向）}$$

であり，

(ア)　経済がY^{max}を更新しながら成長しているときには，$\frac{Y^{max}}{Y}=1$です。長期の成長トレンドでは，平均消費性向は一定（a＋b）です。

(イ)　短期の景気循環で，景気が後退し，Yが低下しているときには，Y^{max}は不変であるので，$\frac{Y^{max}}{Y}$は上昇し，平均消費性向は上昇します。経済は長期の消費関数よりも傾きの緩やかな短期の消費関数上を左下方へと移動します。Yが低下しているときに，Y^{max}が不変であることが，短期の消費性向を高め，それが短期の消費の低下を相殺しています。短期の消費はY^{max}から享受していた一定の消費水準が歯止めとなって低下しにくくなっています。これはラチェット（歯止め）効果と呼ばれています。

図2－3　時間的相対所得仮説（歯止め効果）

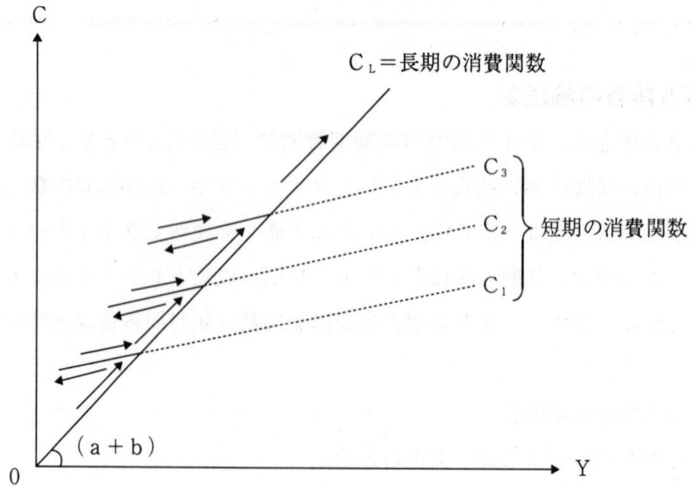

②　空間的相対所得仮説（デモンストレーション効果）

第i家計の消費C_iは，当該家計の所得Y_iだけでなく，彼らが日常接触している周囲の同一所得階級に属する人々の消費水準の平均値R_iにも依存しています。空間的相対所得仮説は次のように定式化されます。

$C_i = C(Y_i,\ R_i) = aY_i + bR_i \quad a>0,\ b>0$　（消費関数）

平均消費性向は，

$$\frac{C_i}{Y_i} = a + b\frac{R_i}{Y_i} \quad \text{（平均消費性向）}$$

であり，

(ア)　R_iが不変であるときは，Y_iの増加は平均消費性向の低下をもたらします。

(イ)　長期的には，Y_iとR_iは比例的関係にあるので，$\frac{R_i}{Y_i}$は一定であり，平均消費性向は一定です。

(3)　消費支出は，今期の所得のみに依存するのではなく，生涯所得Yおよび資産残高Wに依存しています。ライフ・サイクル仮説は次のように定式化されます。

$C = aW + bY \quad a>0,\ b>0$　（消費関数）

平均消費性向は，

$$\frac{C}{Y} = a\frac{W}{Y} + b \quad \text{（平均消費性向）}$$

であり，

①　短期においては，Wは不変です。短期の消費関数においては，Yの上昇は平均消費性向を低下させます。

②　長期においては，Yが増加すればWは増加し，$\frac{W}{Y}$は一定です。長期の消費関数においては，平均消費性向は一定です。

(4)　消費支出は今期の所得Yではなく，恒常所得（将来稼得すると予想される長期にわたる平均的な所得）Y_pに依存しています。Y_p＝恒常所得，Y_T＝変動所得として，恒常所得仮説は次のように定式化されます。

$C = aY_p \quad 0<a<1$　（消費関数）

平均消費性向は，$Y = Y_p + Y_T$（実際の所得＝恒常所得＋変動所得）として，

$$\frac{C}{Y} = a\frac{Y_p}{Y} = a\frac{Y_p}{Y_p + Y_T} \quad \text{（平均消費性向）}$$

であり，

① 短期の循環局面においては，Ｙが循環変動してもY_pを不変とみなしています。短期の消費関数においては，Y_pは不変であるので，Y_Tの増大によるＹの増大は，平均消費性向を低下させます。

② 長期においては，$Y_T=0$，すなわち$Y=Y_p$とみなされるので，$\frac{Y_p}{Y}=1$です。長期の消費関数は$C=aY_p$となり，平均消費性向は一定です。

問題２－３　ライフ・サイクル仮説

現在25歳の個人は50歳で退職し，75歳で死亡するものとします。この個人は現在時点に資産残高1,000万円を保有し，退職までの25年間，毎年200万円の勤労所得を得るものとします。この個人がライフ・サイクル仮説にしたがって消費を行うものとします。以下の問いに答えなさい。

⑴ 消費関数を定式化しなさい。

⑵ 限界消費性向を求めなさい。

⑶ 平均消費性向を求めなさい。

≪解答＆解答の解説≫

⑴ （現在時点Ｔ：Ｗの資産残高）－（退職時点Ｎ）－（死亡時点Ｌ）
　　　　　　　　　　　　　↑（所得・消費）　　↑（消費）

であり，Ｃ＝消費，Ｙ＝勤労所得（200万円），Ｗ＝資産残高（1,000万円）とすれば，その個人の予算制約式は，

$$(L-T)C=W+(N-T)Y$$

であるので，

$$(75-25)C=1,000+(50-25)Y$$

です。

$$C=\frac{1}{75-25}\times 1,000+\frac{50-25}{75-25}\times 200$$

$$=\frac{1}{75-25}W+\frac{50-25}{75-25}Y$$

であるので，

$C=20+0.5Y$　（**答え**：消費関数）

⑵　限界消費性向は，$\frac{dC}{dY}$であるので，

$\frac{dC}{dY}=0.5$　**答え**

⑶　Y＝200であり，平均消費性向は$\frac{C}{Y}$であるので，

$$\frac{C}{Y}=\frac{20+0.5Y}{Y}$$

$$=\frac{20}{200}+0.5=0.6$$ **答え**

問題2－4　恒常所得仮説

C_t＝第t期の消費，Y_t^p＝第t期の恒常所得として，恒常所得仮説および恒常所得が次のように定式化されています。

$C_t=0.9Y_t^p$　（消費関数）

$Y_t^p=0.5Y_t+0.3Y_{t-1}+0.2Y_{t-2}$　（恒常所得）

ここで，$Y_t=120$，$Y_{t-1}=Y_{t-2}=100$のとき，第t期の平均消費性向はいくらですか。

≪解答＆解答の解説≫

$$Y_t^p=0.5Y_t+0.3Y_{t-1}+0.2Y_{t-2}$$

$$=0.5\times120+0.3\times100+0.2\times100=110$$ （恒常所得）

であり，

$$C_t=0.9Y_t^p=0.9\times110=99$$

です。したがって，第t期の平均消費性向は，

$$\frac{C_t}{Y_t}=\frac{99}{120}$$ **答え**

です。

問題2－5　消費関数

個人の消費と貯蓄に関する次の記述のうち，正しくないものはどれですか。

①　個人消費には慣性効果が働くので，不況期には貯蓄率は低下する。

②　年金制度が充実すると個人貯蓄率が低下するという主張は，流動性制約仮説に基づく。

③　恒常所得仮説の下では，一時的な減税政策は永久的な減税政策よりも個人消費刺激効果は小さい。

④　ライフサイクル仮説の下では，高齢化社会になると経済全体の貯蓄率は低下すると予想される。

（「証券アナリスト第１次試験」平成12年度）

≪解答＆解答の解説≫

答え は②です。流動性制約とは，若年期において，所得以上の消費を行おうとする場合，銀行借入等を行う必要があっても，信用等の問題があり，銀行借入が困難になり消費が所得により制約されることです。ですから，年金制度の充実による個人貯蓄率の低下と，流動性制約仮説とは関係がありません。

Ⅱ　投　資

新品，中古の機械はともに投資物件ですが，経済学では，新品の機械を購入することを「投資」と呼び，中古の機械を購入することを投資とは呼びません。国民所得勘定では，民間企業設備投資はＧＤＥ（国内総支出）の１項目です。ＧＤＥは当該年に新しく作られた生産物に対する支出であるので，投資支出は新しく作られた生産物（新品の機械）に対する支出でなければなりません。投資を行う条件，すなわち中古ではなく新品の機械を購入する条件，銀行預金せずに新品の機械を購入する条件，銀行借入をして新品の機械を購入する条件を学びましょう。

投資を行う条件には，次の２通りの考え方があります。

1　割引現在価値法

「供給価格（P^s）＜需要価格（P^d）」，すなわち「新品機械の価格＜中古機械の価格」のとき，投資（新品機械の購入）が行われます。

2　内部収益率法

「資本の限界効率(m)＞利子率(r)」のとき，投資（新品機械の購入）が行われます。

$$P^d = \frac{R}{r}$$　（需要価格の定義）

$$P^s = \frac{R}{m}$$　（資本の限界効率の定義）

であるので，$P^s < P^d$ と $m > r$ は同じことを意味しています。ここで，R＝予想収益の系列です。したがって，割引現在価値法と内部収益率法は同じものです。投資の２つの決定原理（割引現在価値法と内部収益率法）を学び，資本の限界効率表と投資需要表を理解しましょう。

問題２－６　ケインズの投資の決定

第ｉ類型の新規投資物件（例えば，新築賃貸住宅）の購入の是非を考えます。

$P_i{}^s$＝供給価格（限界取替費用）：賃貸住宅の新築費用

$P_i{}^d$＝需要価格：中古賃貸住宅の価格

R_{ij}＝予想収益の系列（ｊ（＝１，２，…，ｎ）は期間を表す添字です）

ｒ＝長期市場利子率（現行利子率は住宅の存続期間にわたって不変であると仮定します）

m_i＝第ｉ類型の新築賃貸住宅の限界効率（資本の限界効率）

として，以下の問いに答えなさい。

⑴　ｒ＝市場利子率として，現在価値（A_0）から複利計算を行って第ｔ年末の将来価値を求めなさい。

⑵　ｒ＝市場利子率（割引率）として，第ｔ年末の将来価値（B_t）から現在価値を求めなさい。

⑶　割引現在価値法による投資の決定を説明しなさい。

⑷　内部収益率法による投資の決定を説明しなさい。

⑸　資本の限界効率表を図示しなさい。

⑹　投資需要表を図示し，投資関数を示しなさい。

≪解答＆解答の解説≫

(1)　A_0(現在価値)→$A_0(1+r)^t$(将来価値)

(2)　$\frac{1}{(1+r)^t}B_t$(現在価値)←B_t(将来価値)

【知っておきましょう】　現在価値と将来価値

「銀行に金利２％で100万円を預ければ３年後いくらになりますか。」といった問題は将来価値を求める問題です。「３カ月後に100万円受け取れる約束手形を銀行で金利３％で割り引いてもらうと，いくらになりますか。」といった問題は現在価値を求める問題です。将来価値を求める問題は日常生活の中の馴染みのある問題ですが，現在価値を求める問題はあまり馴染みがないと思います。現在価値と将来価値を求める問題はいろいろな問題の基本になりますので，よく理解しておきましょう。

---

(3)　割引現在価値法は中古住宅の価格と新築住宅の価格との比較による投資の決定方法です。

$$P_i{}^d=\frac{R_{i1}}{(1+r)}+\frac{R_{i2}}{(1+r)^t}+\cdots\cdots+\frac{R_{in}}{(1+r)^n}$$

(需要価格(中古賃貸住宅の価格)$P_i{}^d$の定義)

$n=\infty$（無限大）とし，予想収益の系列がすべて等しいと仮定すると，$R_{ij}=R_i$であるので，

$$P_i{}^d=\frac{R_i}{r}$$　（割引現在価値法によって求められた中古住宅の価格）

です。新築住宅の価格（$P_i{}^s$）＜中古住宅の価格（$P_i{}^d$）のとき，投資（新築住宅の購入）が行われます。

(4)　内部収益率法は市場利子率と資本の限界効率との比較による投資の決定方法です。資本の限界効率は新築住宅を購入するときに予想する事前の収益率あるいは予想された利潤率です。

$$P_i{}^s=\frac{R_{i1}}{(1+m_i)}+\frac{R_{i2}}{(1+m_i)^2}+\cdots\cdots+\frac{R_{in}}{(1+m_i)^n}$$

(資本の限界効率m_iの定義)

$n=\infty$（無限大）とし，予想収益の系列がすべて等しいと仮定すると，

$R_{ij} = R_i$

であるので，

$P_i^s = \dfrac{R_i}{m_i}$ あるいは $m_i = \dfrac{R_i}{P_i^s}$ （資本の限界効率）

です。

$\dfrac{R_i}{m_i} = P_i^s$（供給価格）$< P_i^d$（需要価格）$= \dfrac{R_i}{r}$

すなわち，

資本の限界効率（m_i）＞市場利子率（r）

のとき，投資（新築住宅の購入）が行われます。

(5)　3つの類型の新築賃貸住宅を考えます（i＝A，B，C）。

表2－1　資本の限界効率表

	単位投資額（限界取替費用：$P_i^s = I_i$）	資本の限界効率（m_i）
A	I_A	m_A
B	I_B	m_B
C	I_C	m_C

I_Aの大きさの投資資金が利用可能である企業家は，A，B，Cの3類型いずれの新築賃貸住宅も投資可能ですが，企業家は資本の限界効率の最も高いA類型の新築賃貸住宅を選びます（$m_A > m_B > m_C$）。m_iの中で最大のものはm＝「資本一般の限界効率」と呼ばれています。

表2－2　資本一般の限界効率表

総投資額（I）	資本一般の限界効率（m）
I_A	m_A
$I_A + I_B$	m_B
$I_A + I_B + I_C$	m_C

企業家は投資プロジェクト（新築賃貸住宅の購入）を実行する際に，資本の限界効率の大きいプロジェクトから順に実行していきます。mは総投資の減少関数です。

図２－４　資本の限界効率表

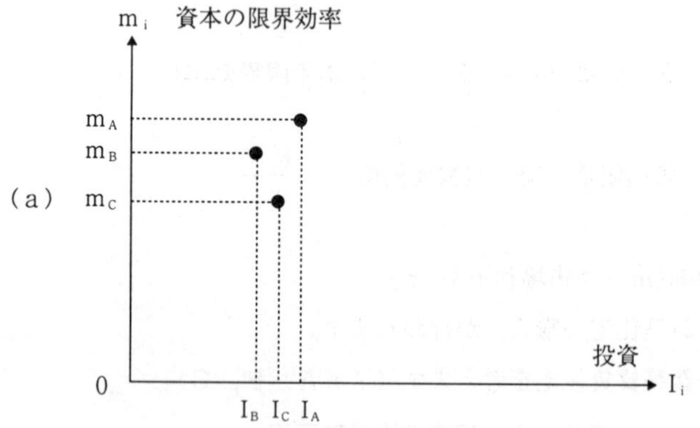

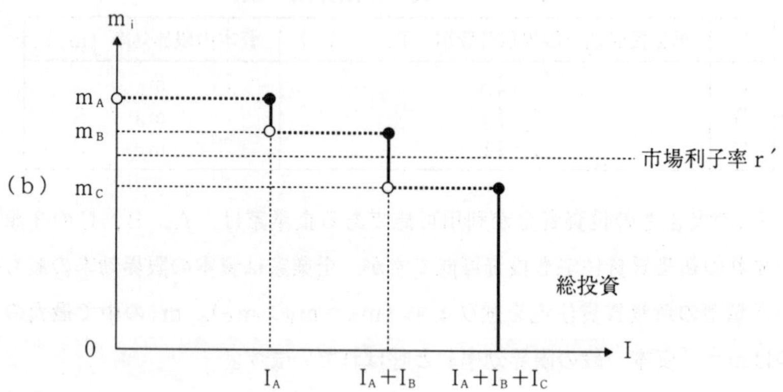

⑹　市場利子率が r′のとき，$I_A + I_B$の総投資が行われます。市場利子率 r と総投資 I との関係を示す表は「投資需要表」と呼ばれています。

図2－5　投資需要表

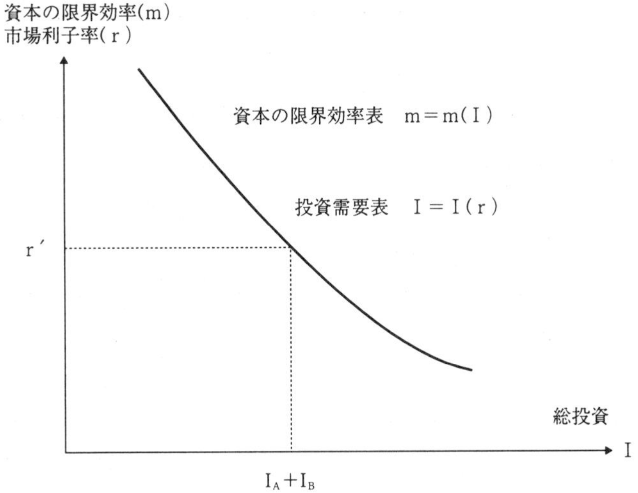

問題2－7　資本の限界効率

資本の限界効率表に関する記述のうち，最も適切なものはどれですか。

① 資本の限界効率表は縦軸に利子率，横軸に投資量をとると右下がりの形状になる。

② 資本の限界効率表は長期的視点で作成されるので安定している。

③ 資本の限界効率表は，悲観的な見通しを持った企業家が増加すると上方にシフトする。

（「証券アナリスト第1次試験」平成10年度）

≪解答＆解答の解説≫

この中では①が正しい **答え** 。ただし，資本の限界効率表は，縦軸に資本の限界効率，横軸に投資量をとったものであり，縦軸に利子率，横軸に投資量をとったものは「投資需要表」として区別されなければなりません。資本の限界効率（投資の限界効率）は，供給価格（限界取替費用：P^s）と第j期の予想収益（R_j）に依存していますが，投資プロジェクトの予想収益（R_j）は不安定であり，したがって資本の限界効率表も不安定です（②は誤り）。悲観的な見通しをもった企業家が増加すると，資本の限界効率表は左下方にシフトします（③は誤り）。

問題２－８　投資の諸理論

(1)　加速度原理による投資の決定を説明しなさい。

(2)　ストック調整原理による投資の決定を説明しなさい。

(3)　利潤原理による投資の決定を説明しなさい。

≪解答＆解答の解説≫

(1)　資本係数（$v=\frac{K}{Y}$）を一定とします。$K=vY$であり，両辺の増分をとります。投資は資本ストックの増分であるので，$I=\Delta K=v\Delta Y$であり，時間を明示化すると，$\Delta Y_t=Y_t-Y_{t-1}$であるので，

$I_t=v(Y_t-Y_{t-1})$　（加速度原理に基づく投資関数）

(2)　K_{t-1}＝第ｔ－１期末（第ｔ期首）の現実の資本ストック

K_t^*＝第ｔ期末の最適な資本ストック水準

λ＝調整スピード・パラメータ

とします。投資関数は長期の投資関数と短期の投資関数に区別されます。

①　長期の投資関数

$I_t=K_t^*-K_{t-1}=vY_t-K_{t-1}$

②　短期の投資関数

$I_t=\lambda(K_t^*-K_{t-1})=\lambda(vY_t-K_{t-1})$　$0<\lambda<1$

(3)　利 潤 原 理

投資は利潤の増加関数です。

問題２－９　トービンのｑ

トービンのｑに関する記述のうち，最も適切なものはどれですか。

① トービンのｑは，企業価値と現存の企業資本ストックを現在の市場価格で買い替えたときの費用との間の比率である。

② トービンのｑが１よりも小さいということは，現在の資本ストックは不足していることを意味する。

③ 投資はトービンのｑの減少関数である。

（「証券アナリスト第１次試験」平成10年度）

≪解答＆解答の解説≫

資本の需要価格＝企業の市場価値＝発行株式の市場評価額＋債務額，資本の供給価格＝企業の再生産費用とすれば，「資本の需要価格÷資本の供給価格」つまり,「企業価値÷現存の企業資本ストックを現在の市場価格で買い替えたときの費用」が「トービンのｑ」です（①は正しい）。トービンのｑが１よりも大きいとき，設備投資が行われます。再生産費用（現在の建設費用）で工場を建て，できあがった工場をより高い市場価値で売却できれば，設備投資が行われます。逆に，トービンのｑが１よりも小さいということは，「企業価値＜現存の企業資本ストックを現在の市場価格で買い替えたときの費用」を意味し，それはこの企業が現存の資本ストックを効率的に利用していないこと，逆にいえば現在の資本ストックが過大であることを意味しています（②は誤り）。投資はトービンのｑの増加関数です（③は誤り）。

問題２　トービンのｑ

[illegible]ｑに関する記述[illegible]

[illegible]は、企業価値と[illegible]

[illegible]の費用と[illegible]

②　トービンのｑが１より[illegible]

[illegible]

[illegible]

（[illegible]）

《解答＆解説の概要》

[illegible]

Chapter III

45度線分析

「国民所得勘定（ＧＤＰ統計）」（☞ p.15）では，

国内総生産≡国内総支出（財貨・サービス市場の需給恒等式）
（Ｙ）
≡民間消費支出＋民間投資支出＋政府支出＋輸出－輸入
（Ｃ）　（Ｉ＋Ｉ′）　（Ｇ）　（ＥＸ）（ＩＭ）

でした。一方，本章の「45度線モデル」では，

Ｙ＝Ｃ＋Ｉ＋Ｇ＋ＥＸ－ＩＭ　（財貨・サービス市場の需給均衡式）

です。ここで，

Ｉ　＝意図された（事前の）投資

Ｉ′＝意図せざる在庫投資（Ｉ′＞０ならば在庫増，Ｉ′＜０ならば在庫減）

Ｉ＋Ｉ′＝実現された（事後の）投資

です。事後（ex-post）の恒等式（ＧＤＰ統計）では，両辺が常に等しくなるように，「意図せざる在庫投資」を定義します。つまり，「いかなるＧＤＰ水準であっても」という意味で，財貨・サービス市場の需給は恒等しています。一方，事前（ex-ante）の均衡条件式（45度線モデル）では，数量メカニズムが働いて，両辺が等しくなります。つまり，均衡ＧＤＰ水準でのみ，財貨・サービス市場の需給が均衡しています。

【知っておきましょう】　セイの法則と有効需要の原理

「セイの法則（販路法則）」のセイとは，フランス人 J. B. Say（1767－1832）のことです。セイの法則は，正統派経済理論（Ｊ．Ｍ．ケインズのいう古典

派経済学）の中心命題であり，「供給がそれ自身の需要を生み出す」という考えです。それは，供給サイドを問題にし，生産物の供給の増加は，とりもなおさず需要の増加であり，生産物の需給に不一致は存在しないという命題です。一方，J.M.ケインズ（1883－1946）の「有効需要の原理」は，需要サイドを問題にし，国産品がどれだけ売れるのかは，お客さんがどれだけ買いに来てくれるのかによって決まる，つまり「需要がそれ自身の供給を生み出す」という考えです。ここで，「有効需要」は「需要」と区別され，ただあれが欲しい，これが欲しいというのは「需要」で，お金をもった上で，あれが欲しい，これが欲しいというのが「有効需要」と概念規定されています。ケインズの考え方は，古典派経済学とは正反対ですから，彼の主著『雇用，利子および貨幣の一般理論』（1936年）は「ケインズ革命」の書と呼ばれているのです。

「有効需要の原理」では，景気（ＧＤＰ）を決定するのは「有効需要」です。ですから，新聞記事で好況・不況が話題になるときは，国内総支出（ＧＤＥ）を構成する各需要項目（民間消費支出，民間投資支出，政府支出，財貨・サービスの輸出，財貨・サービスの輸入）や，それらを整理した「民間需要」「公的需要」「海外需要」が問題にされます。ここで，民間需要＝民間消費支出＋民間投資支出，公的需要＝政府支出，海外需要＝財貨・サービスの輸出－財貨・サービスの輸入です。

I　45度線モデル

セイの法則が「供給がそれ自身の需要を生み出す」世界を取り扱っているのに対し，有効需要の原理は「需要がそれ自身の供給を生み出す」世界を取り扱っています。「45度線モデル」は，有効需要の原理を簡潔にモデル化したものであり，そこでは，一般物価水準は不変で，一定の物価のもとで財貨・サービス

はいくらでも供給されると仮定されています。名目ＧＤＰと実質ＧＤＰの関係は，

名目ＧＤＰ＝実質ＧＤＰ×ＧＤＰデフレーター

ですが，45度線モデルでは，物価（Ｐ）は一定のままであることから，ＧＤＰデフレーターを１で一定と考えると，

名目ＧＤＰ＝実質ＧＤＰ

になり，ＧＤＰの名目値と実質値の区別はなくなります。ですから，Ｙはたんに「ＧＤＰ」と呼ばれることになります。

「45度線モデル」は，マクロ経済学の標準テキストでは，

$$Y = C + I$$

$$Y = C + I + G \quad \text{（封鎖体系下で，政府部門を導入）}$$

$$Y = C + I + G + EX - IM \quad \text{（封鎖体系下から開放体系下への拡張）}$$

と段階を踏んで，説明されています。

45度線モデルを定式化するポイントは，45度線モデルでは，需給均衡式が「Ｙ＝Ｃ＋Ｉ」の１本しか，未知数がＹの１個しかないことを銘記することです。ですから，Ｙ以外の変数，例えば，ここではＣ，Ｉが出てきたときには，Ｃ，ＩなどをＹで説明し尽くすまでモデル化することが必要です。

横軸に供給（$Y^S \equiv Y$），縦軸に需要（$Y^D \equiv C + I$）をとった図で，「45度線」を描くと，それは，「需要がそれ自身の供給を生み出す」という「有効需要の原理」を表しています。ＧＤＰの均衡水準は必ず45度線上（$Y^S = Y^D$）で決まるので，図中ではY^S，Y^Dを区別することなく，たんにＹで表すことにします。Ｃ＋Ｉ線は，財貨・サービスの供給（$Y^S \equiv Y$）の各々の水準に対応する事前的需要計画（購入計画）を表し，Ｃ＋Ｉ線と45度線との交点において，財貨・サービスの需給が均衡します。

問題３－１　国民所得勘定と45度線モデル

国民所得勘定の事後（ex-post）の恒等式と45度線モデルの事前（ex-ante）の均衡条件式のちがいを説明しなさい。

≪解答＆解答の解説≫

Ｙ＝ＧＤＰ

Ｃ＝消費

Ｉ＝計画された（意図された，あるいは事前の）投資

Ｉ′＝意図せざる在庫投資（Ｉ′＞０ならば在庫増，Ｉ′＜０ならば在庫減）

Ｉ＋Ｉ′＝実現された（事後の）投資

Ｓ＝貯蓄

とします。

① 国民所得勘定：事後（ex-post）の恒等式

$Y \equiv C + (I + I')$ （ＧＤＰ≡消費＋事後の投資）

あるいは，

$S \equiv Y - C \equiv (I + I')$ （貯蓄≡事後の投資）

② 45度線モデル：事前（ex-ante）の均衡条件式

$Y = C + I$ （ＧＤＰ＝消費＋事前の投資）

あるいは，

$S \equiv Y - C = I$ （貯蓄＝事前の投資）

あるいは，

$I' = 0$ （意図せざる在庫投資＝０）

問題３－２　総需要の内容

閉鎖経済の下での国民所得決定に関する45度線モデルにおいて，総需要の内容として適切なものは次のうちどれか。

① 完全雇用のもとで生産可能な国民所得

② 家計部門，企業部門，政府部門による支出の合計額

③ 一定の物価で測った消費支出の総額

④ すべての国民が必要とした所得を全額得た場合に生ずる，消費支出の総額

≪解答＆解答の解説≫

閉鎖経済（海外部門を捨象した経済）の下での，総需要の構成要因は，

総需要＝民間消費支出（C）＋民間投資支出（I）＋政府支出（G）

です。②　**答え**

問題3－3　45度線分析

次の45度線モデルを考えます。

$Y = C + I + G$　（生産物市場の需給均衡式）

$C = 100 + 0.8Y_d$　（消費関数）

$Y_d = Y - T$　（可処分所得の定義）

$T = 50$　（定額税）

$I = 200$　（一定の投資支出）

$G = 50$　（一定の政府支出）

$Y_f = 1{,}700$　（完全雇用国民所得）

以下の問いに答えなさい。

(1)　均衡国民所得（Y*）を求めなさい。

(2)　均衡国民所得水準（Y*）＜国民所得水準（Y）のとき，何が生じますか。

(3)　生産物市場の需給均衡式を「貯蓄＝投資」の形で表しなさい。

(4)　生産物市場が均衡している下での民間貯蓄（S*）を求めなさい。

(5)　この経済では，インフレ・ギャップが生じているのか，デフレ・ギャップが生じているのか答えなさい。また，その大きさを求め，図示しなさい。

(6)　投資乗数を求めなさい。

(7)　完全雇用を実現するための政府支出の変化を求めなさい。

(8)　均衡予算乗数を求めなさい。

≪解答＆解答の解説≫

(1)　どのような問題であろうと，「45度線モデル」はまずは本問題のモデルのように定式化することが理解を確実なものにします。すなわち，モデルを書くときは，「Y＝C＋I＋G」とまず書いて，未知数がYの１つだけであるから，Y以外の記号が出てくれば，Yで説明できるまで展開することです。例えば，消費関数にはY_dがあり，可処分所得にはTがあるので，租税は一定であり，これで終了で，次に投資の説明へ続きます。45度線モデルの理解には図示が役に立ちます。上記のモデルを縦軸にC，I，G，横軸にYをとって図示しましょう。

Y＝C＋I＋GにC，I，Gを代入します。

$$Y = 100 + 0.8Y_d + 200 + 50$$
$$= 100 + 0.8(Y - 50) + 200 + 50$$

であるので，

$Y^* = 1,550$　（答え：均衡国民所得）

を得ることができます。

図３－１　45度線分析

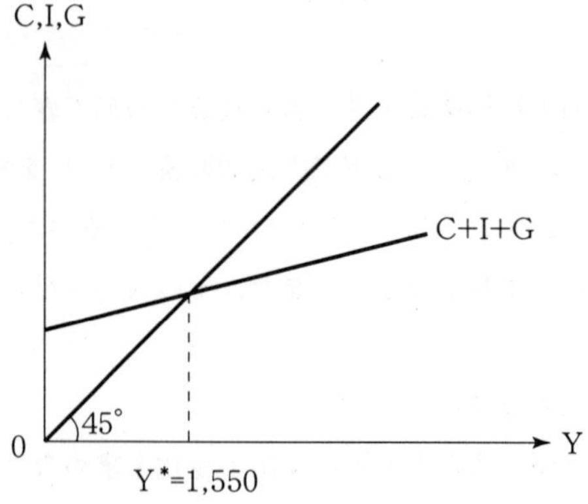

(2)　均衡国民所得水準（Y*）＜国民所得水準（Y）のときは，

Y＞C＋I＋G　（生産物市場の超過供給）

の状態です。45度線モデルでは，不均衡のときには数量調整が行われます。

図３－２　均衡国民所得水準（Ｙ＊）＜国民所得水準（Ｙ）のとき

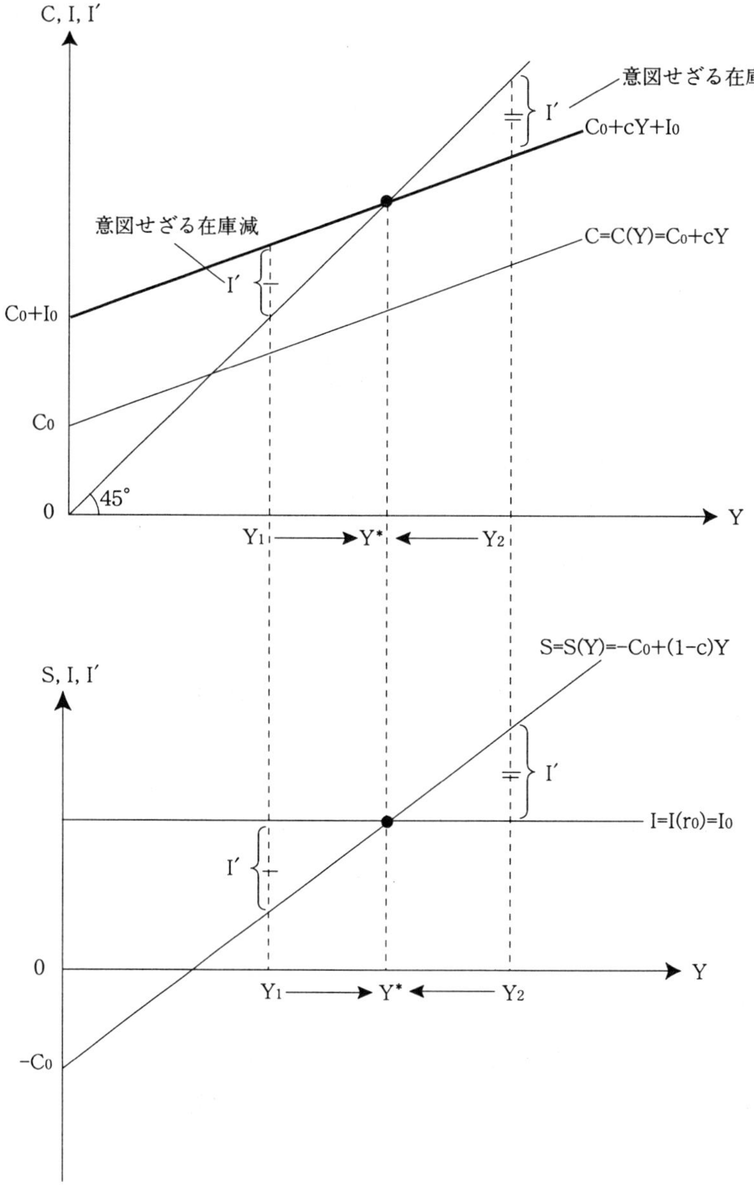

すなわち，企業は生産を縮小し，国民所得水準は均衡国民所得水準（Y^*）に近づきます。

(3)① $Y = C + I + G$　　（生産物市場の需給均衡式）

② $Y_d = Y - T$　　（可処分所得の定義）

より，

$S \equiv Y_d - C \equiv Y - T - C$　（貯蓄の定義）

です。①，②より，

$C + I + G = C + I + (G_C + G_I) = S + T + C$

であり，

$(S - I) + \{(T - G_C) - G_I\} = 0$　（**答え**：生産物市場の需給均衡式）

が得られます。ここで，G_C＝政府の消費，G_I＝政府の投資です。$(S - I)$は民間部門の貯蓄投資差額，$\{(T - G_C) - G_I\}$ は政府部門の貯蓄投資差額です。

(4) 政府部門がないときの民間貯蓄は（$Y - C$）であるが，政府部門があるときの民間貯蓄は（$Y - T - C$）です。ここでは，政府部門があるので，

$S^* = Y^* - T - C^*(Y^*) = Y^* - 50 - \{100 + 0.8(Y^* - 50)\}$

$= 0.2Y^* - 110 = 0.2 \times 1,550 - 110 = 200$　**答え**

です。

(5) デフレ・ギャップとインフレ・ギャップは完全雇用産出高（完全雇用に対応するGDP水準）で測ります。まず$C(Y_f) + I + G$を求めます。

$C(Y_f) + I + G = 100 + 0.8(Y_f - 50) + 200 + 50$

$= 100 + 0.8(1,700 - 50) + 200 + 50$

$= 1,670$

$Y_f > C(Y_f) + I + G$であるので，デフレ・ギャップが生じています。デフレ・ギャップの大きさは，

$Y_f - \{C(Y_f) + I + G\} = 1,700 - 1,670 = 30$　**答え**

です。

図３－３　インフレ・ギャップとデフレ・ギャップ

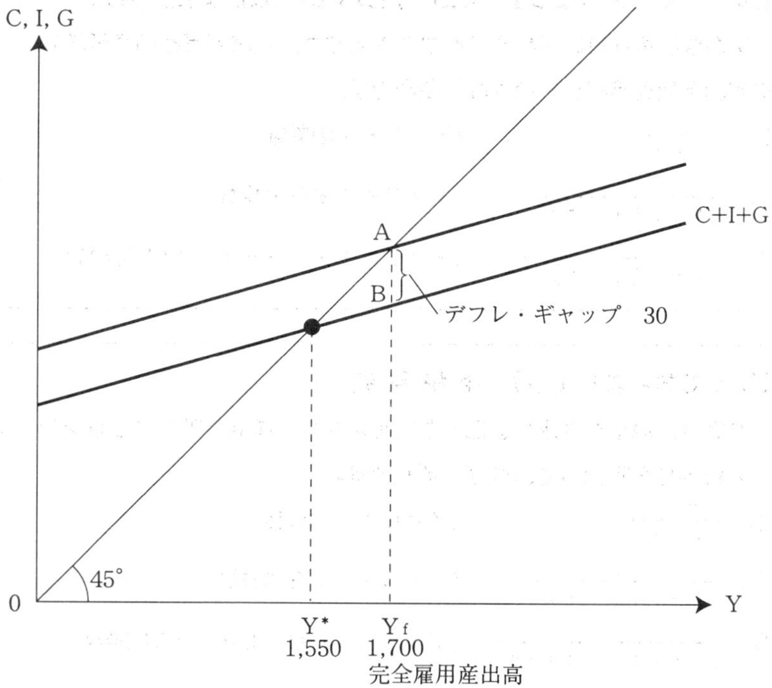

(6)　I＝200の代わりにI＝I_0を用います。

$Y=100+0.8Y_d+I_0+50$

$\quad=100+0.8(Y-50)+I_0+50$　(生産物市場の需給均衡式)

より，

$(1-0.8)Y=110+I_0$

です。

$$Y^*=\frac{110}{1-0.8}+\frac{I_0}{1-0.8}$$　(Yの均衡水準)

より，

$$\frac{\Delta Y^*}{\Delta I_0}=\frac{1}{1-0.8}=5$$　(**答え**：投資乗数)

が得られます。

【知っておきましょう】 支出（投資支出・政府支出）乗数

乗数は計算すれば求めることができますが，試験対策という意味で，次の支出乗数を暗記しておけば，便利です。

① $\dfrac{1}{1-c}$ （Y＝C＋Iの乗数）

② $\dfrac{1}{1-c(1-t)}$ （Y＝C＋I＋Gの乗数）

③ $\dfrac{1}{1-c(1-t)+m}$ （Y＝C＋I＋G＋EX－IMの乗数）

【知っておきましょう】 租 税 乗 数

乗数は計算すれば求めることができますが，試験対策という意味で，次の租税乗数を暗記しておけば，便利です。

① $\dfrac{-c}{1-c}$ （Y＝C＋Iの乗数）

② $\dfrac{-c}{1-c(1-t)}$ （Y＝C＋I＋Gの乗数）

③ $\dfrac{-c}{1-c(1-t)+m}$ （Y＝C＋I＋G＋EX－IMの乗数）

(7) 問４と同様にして，$G=50$の代わりに$G=G_0$を用います。

$$Y=100+0.8Y_d+200+G_0$$

$$=100+0.8(Y-50)+200+G_0$$ （生産物市場の需給均衡式）

より，

$$(1-0.8)Y=260+G_0$$

です。

$$Y^*=\frac{260}{1-0.8}+\frac{G_0}{1-0.8}$$ （Yの均衡水準）

より，

$$\frac{\Delta Y^*}{\Delta G_0}=\frac{1}{1-0.8}=5$$ （政府支出乗数）

が得られます。したがって，

$$Y_f-Y^*=1,700-1,550=150$$

であるので，

$\Delta Y^* = 150$

であり，かくて，

$\Delta G_0 = 30$ **答え**

を得ることができます。

(8) 問4，5と同様にして，G＝50，T＝50の代わりに$G = G_0$，$T = T_0$を用います。

$Y = 100 + 0.8Y_d + 200 + G_0$

$= 100 + 0.8(Y - T_0) + 200 + G_0$ （生産物市場の需給均衡式）

より，

$(1 - 0.8)Y = 300 + 0.8T_0 + G_0$

です。

$$\frac{\Delta Y^*}{\Delta T_0} = \frac{-0.8}{1-0.8} = -4 \quad \text{（租税乗数）}$$

$$\frac{\Delta Y^*}{\Delta G_0} = \frac{1}{1-0.8} = 5 \quad \text{（政府支出乗数）}$$

であるので，均衡予算乗数は，

$$\frac{\Delta Y^*}{\Delta T_0} + \frac{\Delta Y^*}{\Delta G_0} = -4 + 5 = 1$$ （**答え**：均衡予算乗数）

です。

【知っておきましょう】　均衡予算乗数

政府支出乗数が$\frac{1}{1-c}$，租税乗数が$\frac{-c}{1-c}$のときは，均衡予算乗数は1です。しかし，政府支出乗数が$\frac{1}{1-c(1-t)}$，租税乗数が$\frac{-c}{1-c(1-t)}$のときは，均衡予算乗数は1ではありません。

問題3－4　45度線モデル

消費関数が以下のように推計されたとき，各問いに対する答えとして最も適切なものをA～Eの中から1つ選びなさい。

消費＝4.5＋0.6×可処分所得

ただし，租税は定額であるものとする。

(1) 赤字予算による財政支出の乗数はいくらですか。

A 0.6, B 1.0, C 2.5, D 4.5, E 6.0

(2) 増税（均衡予算）による財政支出の乗数はいくらですか。

A 0.6, B 1.0, C 2.5, D 4.5, E 6.0

（「証券アナリスト第1次試験」平成12年度）

≪解答＆解答の解説≫

まずは，以下の45度線モデルを定式化することからはじまります。

$Y=C+I+G$ （生産物市場の需給均衡式）

$C=4.5+0.6Y_d$ （消費関数）

$Y_d=Y-T$ （可処分所得の定義）

$T=T_0$ （定額税）

$I=I_0$ （一定の投資支出）

$G=G_0$ （一定の政府支出）

(1) 問題3－3と同様にして，$\dfrac{\Delta Y^*}{\Delta G_0}=\dfrac{1}{1-0.6}=2.5$

であるので，**答え** はCです。

(2) 問題3－3と同様にして，$\dfrac{\Delta Y^*}{\Delta G_0}+\dfrac{\Delta Y^*}{\Delta T_0}$を求めると，1

である（「均衡予算乗数1の定理」）ので，**答え** はBです。

問題3－5 節約のパラドックス

「すべての家計が貯蓄を増やそうとして限界貯蓄性向を高めても，結果的には貯蓄総額は変化しない」といわれています。なぜですか，その理由を説明しなさい。

≪解答＆解答の解説≫

「ミクロレベルでの個々の経済主体の行動と，それを集計したマクロレベルでの帰結が異なる，つまりミクロ経済的な現象からの類推がマクロ経済全体では必ずしもあてはまらない」ことは「合成の誤謬」と呼ばれ，「すべての家計が貯蓄を増やそうとして限界貯蓄性向を高めても，結果的には貯蓄総額は変化しない」は「節約（貯蓄）のパラドックス」と呼ばれ，合成の誤謬を示す一例です。これは，限界貯蓄性向を高めても，それを相殺する形で所得水準が低下してしまうために生じます **答え**。

Ⅱ　乗　数

45度線モデルを用いて，ＧＤＰの均衡水準と乗数を求めましょう。乗数（投資乗数，均衡予算乗数など）を学び，乗数過程を図示しながら理解しましょう。

問題３－６　乗数効果

乗数効果が重要な意味をもつことの理由として，適切な説明は次のうちどれか。

① 乗数効果によって，総需要の自発的変化は，初期的な支出の増大額の一定乗数倍だけ物価水準を上昇させるため。
② 乗数効果によって，投資は経済の安定化に役立つため。
③ 投資のごくわずかの変化は，乗数効果によって，国民所得に強力な影響を与えるため。
④ 所得のごくわずかの変化は，乗数効果によって，大規模な貯蓄の変化を引き起こすため。

≪解答＆解答の解説≫

独立消費や自生的投資や政府支出といった外生的に与えられる独立支出が増加したとき，国民所得の水準はその増加分以上に増大します。独立支出が微小単位増加したとき，国民所得が何倍に増えるかを表すものが「乗数」です。

③ **答え**

【知っておきましょう】 乗数過程

$$\Delta Y=\Delta I_0+c\Delta I_0+c^2\Delta I_0+\cdots=(1+c+c^2+\cdots)\cdot\Delta I_0$$
$$=\frac{1}{1-c}\cdot\Delta I_0$$

図3－4 乗数過程

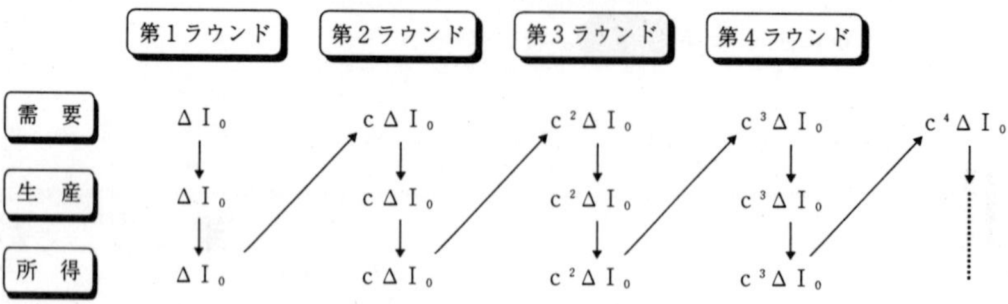

問題3－7 45度線分析と乗数効果

次の短文を読み，正しいと思われるものにはT，誤りと思われるものにはFの記号を答えなさい。

① 一括固定税を課した場合と所得比例税を課した場合とでは，政府支出乗数は前者のケースの方が小さい。

② 同額の政府支出と一括固定額減税を行ったときの効果とでは，前者のケースの方がその効果は大きい。

③ 閉鎖経済に比べ開放経済では，財政支出を同額増加させた場合，他の条件を一定とすると輸入相手国への需要の漏出が発生して乗数効果が大きくなる。

≪解答＆解答の解説≫

① 一括固定税を課した場合の政府支出乗数は次のとおりです。

$Y=C+I+G$ （生産物市場の需給均衡式）

$C=C(Y_d)=C_0+cY_d$ （消費関数）

$Y_d=Y-T$ （可処分所得の定義）

$T=T_0$ （定額税）

$I = I(r_0) = I_0$　　（一定の投資）

$G = G_0$　　（一定の政府支出）

より，

$$Y^* = \frac{1}{1-c}(C_0 - cT_0 + I_0 + G_0)$$　（GDPの均衡水準）

を得ることができ，

$$\frac{\Delta Y^*}{\Delta G_0} = \frac{1}{1-c} = \text{政府支出乗数}$$

です。

所得比例税を課した場合の政府支出乗数は次のとおりです。

$Y = C + I + G$　　（生産物市場の需給均衡式）

$C = C(Y_d) = C_0 + cY_d$　　（消費関数）

$Y_d = Y - T$　　（可処分所得の定義）

$T = tY$（ここで，$0 < t < 1$）　　（比例的所得税）

$I = I(r_0) = I_0$　　（一定の投資）

$G = G_0$　　（一定の政府支出）

より，

$$Y^* = \frac{1}{1-c(1-t)}(C_0 + I_0 + G_0)$$　（GDPの均衡水準）

を得ることができ，

$$\frac{\Delta Y^*}{\Delta G_0} = \frac{1}{1-c(1-t)} = \text{政府支出乗数}$$

です。

$$\frac{1}{1-c} > \frac{1}{1-c(1-t)}$$

であるので，F **答え** です。乗数を小さくする仕組みは「自動安定化装置（ビルトイン・スタビライザー）」と呼ばれています。

【知っておきましょう】　自動安定化装置の例

自動安定化装置とは乗数を小さくする仕組みのことです。自動安定化装置の例としては次のものがあります。

①　比例的所得税（投資乗数$= \frac{1}{1-c(1-t)} < \frac{1}{1-c}$）

②　累進課税制度

③　失業保険制度

②　これは「租税乗数1のケース」と呼ばれ，T **答え** です。

$Y = C + I + G$　（生産物市場の需給均衡式）

$C = C(Y_d) = C_0 + cY_d$　（消費関数）

$Y_d = Y - T$　（可処分所得の定義）

$T = T_0$　（定額税）

$I = I(r_0) = I_0$　（一定の投資）

$G = G_0$　（一定の政府支出）

より，

$$Y^* = \frac{1}{1-c}(C_0 - cT_0 + I_0 + G_0)$$（GDPの均衡水準）

であり，

$$\frac{\Delta Y^*}{\Delta T_0} = \frac{-c}{1-c} = \text{定額税乗数}$$

$$\frac{\Delta Y^*}{\Delta G_0} = \frac{1}{1-c} = \text{政府支出乗数}$$

を得ることができます。$\Delta T_0 = \Delta G_0$（均衡予算）を仮定すると，

$$\frac{\Delta Y^*}{\Delta T_0} + \frac{\Delta Y^*}{\Delta G_0} = 1 = \text{均衡予算乗数}$$

です。これは政府が1兆円の増税，1兆円の政府支出増を同時に行えば，1兆円のGDPが増えることを意味しています。

③　$Y = C + I + G + EX - IM$　（生産物市場の需給均衡式）

$C = C_0 + cY_d$　（消費関数）

$Y_d = Y - T$　（可処分所得の定義）

$T = T_0 + tY \quad T_0 < 0$　（徴税関数）

$I = I(r_0) = I_0$　（一定の投資）

$G = G_0$　（一定の政府支出）

$EX = EX_0$　（一定の輸出）

$IM = IM_0 + mY$　（輸入関数）

より，

$$Y^* = \frac{1}{1 - c(1 - t) + m}(C_0 - cT_0 + I_0 + G_0 + EX_0 - IM_0)$$

であり，

$$\frac{\Delta Y^*}{\Delta G_0} = \frac{1}{1 - c(1 - t) + m} > 0$$

が得られます。

$$\frac{1}{1 - c} > \frac{1}{1 - c(1 - t) + m}$$

であるので，F **答え** です。

Chapter IV

貨幣需要と貨幣供給

古典派経済学は取引動機・予備的動機のみを取り上げ，財貨・サービスと貨幣との交換のみを考えています。ケインズ経済学は投機的動機をも取り上げ，財貨・サービスのみならず債券との交換を考えています。

I 貨幣の機能

千円札はベトナムでも通用しますか。通用しないとすれば，貨幣とは何でしょうか。貨幣の３つの機能（一般的価値尺度，一般的交換手段・一般的支払手段，価値貯蔵手段）を理解しましょう。貨幣は，「貨幣として行うこと」，すなわち貨幣の機能によって定義されます。一般には，一般的価値尺度と決済手段（他のテキストの一般的交換手段）の両機能を果たしているものを貨幣と定義します。

【知っておきましょう】

テキストによっては，一般的交換手段と一般的支払手段を区別せずに，一般的交換手段と一括しているものがあります。したがって，このときは貨幣の３つの機能は，一般的価値尺度，一般的交換手段，価値貯蔵手段です。

問題４－１　貨幣の機能

貨幣の機能を説明しなさい。

≪解答＆解答の解説≫

貨幣の機能には次の３つのものがあります。

① 一般的価値尺度（ニュメレール）

ｎ種類の財からなる経済を考えます。物々交換経済の世界では，$\frac{1}{2}$ｎ（ｎ－１）個の交換比率が必要になります。貨幣を導入すると，（ｎ－１）個の交換比率だけで整合的な交換が行われるようになります。

② 一般的交換手段・一般的支払手段

物々交換経済では「欲求の二重の一致」が必要とされます。貨幣の導入は欲求の二重の一致の困難を克服できます。一般的「交換」手段は現在の同一時点，同一場所での交換取引のために，一般的「支払」手段は債権・債務の清算のために使用される貨幣のことです。

③ 価値貯蔵手段

価値貯蔵手段は時間にわたって価値を貯蔵するために使用される貨幣のことです。

Ⅱ　貨　幣　需　要

なぜ配当のもらえる株式を買わずに，貨幣のままで保有し続けるのでしょうか。ケインズ『一般理論』においては，貨幣需要は流動性（Liquidity）選好と呼ばれ，貨幣需要はM^Dではなく，Ｌで表されています。３種類の貨幣保有動機（取引動機，予備的動機，投機的動機）の名称を暗記し，内容を理解しましょう。取引動機と予備的動機は取引に備えて保有されるものであることは同じですが，取引動機は規則的取引，予備的動機は不規則的取引がキーワードです。投機的動機の理解が重要であり，弱気と強気を理解しましょう。

問題４－２　貨幣の保有動機

⑴　貨幣の保有動機を説明しなさい。

⑵　弱気筋（bear）と強気筋（bull）とはどのような人ですか。

⑶　投機的貨幣需要はなぜ利子率の減少関数であるのかを説明しなさい。

≪解答＆解答の解説≫

⑴　貨幣の保有動機には次の３つのものがあります。

①　取 引 動 機

規則的な取引に備えて保有される動機です。

②　予備的動機

予見されない，不規則的な取引に備えて保有される動機です。

③　投機的動機

証券価格の下落が予想されるために保有される動機です。「投機的」という名称のイメージとは逆に，危険資産（証券）保有によるキャピタル・ロスを回避するために，安全資産としての貨幣が保有されます。

⑵　ベア（熊）は上から攻撃し，ブル（雄牛）は下から攻撃します。攻撃の姿↘が価格の下落，↗は価格の上昇と見えるので，

①　弱気筋（bear）は証券価格の下落を予想し，貨幣を選好する人です。

②　強気筋（bull）は証券価格の上昇を予想し，証券を選好する人です。

⑶　ｒ＝現行市場利子率，ｒ＊＝安全利子率（利子率の本来水準とみなされている水準）とします。投機的貨幣需要は（ｒ－ｒ＊）に依存しており，ｒ＊を所与とすれば，次の２つの理由でｒの減少関数です。

①　現行利子率ｒの低下→利子収入（インカム・ゲイン）の減少による証券の魅力の低下→貨幣需要の増大

②　現行利子率ｒの低下→将来利子率上昇の予想（安全利子率への回帰）→証券価格下落（キャピタル・ロス）の懸念（証券価格と利子率は逆の関係にあります）→貨幣需要の増大

問題4－3　貨幣需要

貨幣需要を増減させる状況に関する記述として正しいものは次のうちどれですか。

① 所得が増大した場合には，貨幣需要は増加するが，金利が上昇した場合には，貨幣需要は減少する。

② 所得の増大，金利の上昇のいずれかの場合でも貨幣需要は増大する。

③ 所得が増大した場合には，貨幣需要は増加するが，金利の変動には影響を受けない。

④ 金利が上昇した場合には，貨幣需要は増加するが，所得の変動には影響を受けない。

≪解答＆解答の解説≫

所得の増大は取引・予備的動機に基づく貨幣需要の増大をもたらし，金利の上昇は投機的動機に基づく貨幣需要を減少させるので，**答え**は①です。

問題4－4　流動性のワナ

「流動性のワナ」に関する次の記述のうち，正しいものはどれですか。

① 貨幣に対する需要が強く，貨幣供給量の増加がすべてそのまま市場で吸収されてしまう状況をいい，将来の債券価格に対しての人々の予想がそれぞれ大きく異なる場合に生じやすい。

② 貨幣供給量の増加がすべて海外への資本流出となる状況を指し，利子率が高水準で一定の場合に起こる。

③ 利子率のわずかな上昇（低下）でも貨幣需要量が大きく減少（増加）するような経済が前提となっており，結果として，均衡では貨幣供給量の変動に対して利子率が反応しない状態となる。

（「証券アナリスト第１次試験」平成11年度）

≪解答＆解答の解説≫

「流動性のワナ」とは，金利があまりにも低くなってしまい，すべての人々が，もはやこれ以上，金利が下がることはないと考えるようになった状態のことです。このような状態になると，債券価格の値上がり期待はなくなるため，誰も債券を購入しなくなり，貨幣供給量を増加させても，すべて貨幣需要に吸収されてしまい，金利を低下させることができなくなります。**答え**は③です。「流動性のワナ」は，将来の債券価格についての人々の予想が同じであるときに生じます（①は誤り）。資金が海外流出するのは，自国金利が低いからです（②は誤り）。

Ⅲ　貨幣供給

実際の国民経済において何が貨幣の役割を果たすかは，その国民経済の取引慣行に依存しています。現実の国民経済においては，特定の決済手段だけがマネーサプライとして定義されています。マネーサプライは国民経済で流通している貨幣（流通貨幣，すなわち通貨）の総量です。マネーサプライ（通貨残高）の定義を理解しましょう。

問題4－5　マネーサプライ

マネーサプライの定義に関する次の記述のうち，正しくないものはどれですか。

① 中央銀行が民間銀行にネットで供給した資金をハイパワードマネーと呼び，具体的には銀行以外の民間部門が保有する現金と民間銀行の中央銀行預け金の残高を指す。

② M_1は銀行以外の民間部門が保有する現金と要求払預金の合計である。

③ M_2はM_1に銀行以外の民間部門が保有する定期性預金を加えたものである。

④ M_3はM_2にＣＤを加えたものである。

（「証券アナリスト第１次試験」平成12年度）

≪解答＆解答の解説≫

答え は④です（☞p.77）。

問題4－6　ハイパワードマネーとマネーサプライ

⑴　ハイパワードマネーとは何ですか。

⑵　日本銀行の貸借対照表を書いて，ハイパワードマネーの供給経路を説明しなさい。

⑶　マネーサプライとは何ですか。

⑷　ハイパワードマネーとマネーサプライの関係を説明しなさい。

⑸　マネーサプライ保有者，市中銀行の行動がマネーサプライにどのような影響を及ぼすのかを説明しなさい。

≪解答＆解答の解説≫

⑴　ハイパワードマネーは日本銀行が供給するお金のことであり，次のように定義されます。

ハイパワードマネー＝日銀預け金＋市中銀行の手元現金準備＋現金通貨
＝日銀預け金＋銀行券＋貨幣（鋳貨）　答え

⑵　日本銀行の貸借対照表は次のとおりです。

図4－1　日本銀行の貸借対照表

政府短期証券	日銀預け金
国　　債	市中銀行の手元現金準備
日銀貸出金	現 金 通 貨
買入手形・売渡手形	政府当座預金
外貨準備高	
そ　の　他	

ハイパワードマネー＝日銀預け金＋市中銀行の手元現金準備＋現金通貨
＝政府短期証券＋国債＋日銀貸出金＋買入手形・売渡手形＋外貨準備高＋その他－政府当座預金

より，ハイパワードマネーの供給経路を知ることができます。

⑶　マネーサプライは金融部門全体が供給する通貨のことです。マネーサプラ

イの中心指標はM_2＋ＣＤであり，次のように定義されます。

M_2＋ＣＤ＝M_1＋準通貨＋譲渡性預金

＝(現金通貨＋預金通貨)＋準通貨(定期性預金)＋譲渡性預金

答え

M_2＋ＣＤの計算にあたっては，次の２点が重要です。

① 誰の負債をマネーサプライに含めるのか。

② 誰の資産をマネーサプライに含めるのか。

(4) ハイパワードマネーとマネーサプライの関係は次のとおりです。

Ｍ＝マネーサプライ＝現金通貨(C_p)＋預金通貨(Ｄ)

Ｈ＝ハイパワードマネー＝現金通貨(C_p)＋支払準備(C_b)

$\alpha=\frac{C_p}{D}$＝マネーサプライ保有者の現金・預金比率

$\beta=\frac{C_b}{D}$＝市中銀行の支払準備・預金比率

とします。

$$\frac{M}{H}=\frac{C_p+D}{C_p+C_b}$$

であり，分母分子をＤで割ると，

$$M=\frac{\alpha+1}{\alpha+\beta}\cdot H$$ **答え**

が得られます。ここで，$\frac{\alpha+1}{\alpha+\beta}$は貨幣乗数と呼ばれています。

α，βの変化を予測可能とすれば，日本銀行は金融政策手段によってハイパワードマネーＨをコントロールすることにより，マネーサプライＭをコントロールできます。

(5) マネーサプライ保有者，市中銀行の行動はマネーサプライに以下のような影響を及ぼします。

$$\frac{\partial M}{\partial \alpha}=\frac{\beta-1}{(\alpha+\beta)^2}\cdot H<0$$ **答え**

$$\frac{\partial M}{\partial \beta}=\frac{-(\alpha+1)}{(\alpha+\beta)^2}\cdot H<0$$ **答え**

【数学チェック】 $\dfrac{\alpha+1}{\alpha+\beta}$ の α，β についての微分

$\dfrac{\alpha+1}{\alpha+\beta}$ の α，β での偏微分は商の微分です（数学マニュアルの $y=\dfrac{f(x)}{g(x)}$ の微分の公式を参照してください：☞p.5）。

① $\dfrac{\alpha+1}{\alpha+\beta}$ を α で偏微分します。

$$\frac{\partial\left(\frac{\alpha+1}{\alpha+\beta}\right)}{\partial\alpha}$$

$$=\frac{(\alpha+1)'(\alpha+\beta)-(\alpha+1)(\alpha+\beta)'}{(\alpha+\beta)^2}$$

$$=\frac{(\alpha+\beta)-(\alpha+1)}{(\alpha+\beta)^2}$$

$$=\frac{\beta-1}{(\alpha+\beta)^2}<0$$

② $\dfrac{\alpha+1}{\alpha+\beta}$ を β で偏微分します。

$$\frac{\partial\left(\frac{\alpha+1}{\alpha+\beta}\right)}{\partial\beta}$$

$$=\frac{(\alpha+1)'(\alpha+\beta)-(\alpha+1)(\alpha+\beta)'}{(\alpha+\beta)^2}$$

$$=-\frac{(\alpha+1)}{(\alpha+\beta)^2}<0$$

問題４－７　貨幣供給量と金利

貨幣供給量が増加しても名目金利が下がらないケースがあるが，その主な原因は次のどれですか。

① 債券価格が十分に高くなりすぎて，暴落の危険から債券保有に向かわないから。

② 債券市場が必ずしも効率的な市場でないから。

③ 名目金利は日銀が完全にコントロールしているから。

（「証券アナリスト第１次試験」平成11年度）

≪解答＆解答の解説≫

答えは①です。①は「流動性のワナ」（☞ p.74）のケースで，債券価格の天井は金利の底を意味しています。債券価格の天井下では，将来債券価格は低下すると予想され，貨幣供給量を増やしても，その貨幣で誰も債券を購入しようとせず，すべて貨幣需要量の増加により吸収されてしまい，金利はそれ以下には低下しません。

Chapter V

金　融　政　策

金融政策を行うのは日本銀行です。日銀は，発券銀行，金融機関の銀行，政府と民間をつなぐ銀行の３つの機能の日々の遂行を通じて，最終目標（一般物価水準の安定）を達成するために，金融政策を行っています。３つの金融政策手段（貸出政策，債券・手形の売買操作，準備率操作）を理解しましょう。

問題５－１　日本銀行と金融政策

⑴　日本銀行の機能を挙げなさい。

⑵　金融政策の最終目標を説明しなさい。

⑶　金融政策手段を挙げなさい。

≪解答＆解答の解説≫

⑴　日本銀行の機能には次の３つのものがあります。

①　発券銀行

②　金融機関の銀行

③　政府と民間をつなぐ銀行

⑵　金融政策の最終目標は次のものです。

①　通貨価値（一般物価水準の安定）の安定

②　完全雇用の維持

③　国際収支の均衡

④　経済成長の促進

⑶　金融政策手段には次の３つのものがあります。

① 貸出政策（公定歩合，貸出態度）

② 債券・手形の売買操作（公開市場操作：売りオペ・買いオペ）

③ 準備率操作

問題5－2 金融政策

次の文章を読み，正しいと思われる場合にはT，誤りであると思われる場合にはFの記号で答えなさい。

⑴ 日本銀行が民間銀行に対して貸出を行う場合の金利や，手形の再割引に適用される金利を，公定歩合という。銀行への影響が非常に大きいため，日本銀行が公定歩合操作を行う場合，財務省との事前協議を原則とするなど例外的な金融政策となっている。

⑵ 公開市場操作とは，中央銀行が手形や債券を不特定多数の顧客に売ったり（売りオペ），買ったり（買いオペ）することにより，マネーサプライを調整する金融政策である。日本において，手形・債券の売買は，通常，オープン市場で行われているためこの名称がある。

⑶ 日本銀行が，現在の物価の下落傾向に歯止めをかけること（金融緩和）を政策目標として，公開市場操作を行うならば，買いオペレーションに踏み切るべきである。

⑷ 預金準備率操作は，ハイパワードマネーを変更せずに，マネーサプライを調整する金融政策手段の１つである。日本銀行がこの方法で，金融緩和を行おうとするならば，準備率を引き下げればよい。

≪解答＆解答の解説≫

⑴ F：公定歩合政策は日本銀行の専権事項です。

⑵ F：日本では，手形・債券の売買は，通常，インターバンク市場で行われており，文字通りの公開市場操作とはいえません。

⑶ T

⑷ T

問題5－3　中央銀行と金融政策

中央銀行と金融政策に関する次の記述のうち，正しくないものはどれですか。

① マネーサプライなどの中間目標を設け，これをターゲットとする政策運営がかつては多くの国でみられたが，近年では，通貨需要関数の不安定化などの事情からむしろインフレ率を直接的に政策ターゲットとする政策運営方式をとる国が増えてきている。

② 国内物価と為替相場の両方を金融政策の直接目標とするような政策運営はティンバーゲンの定理に照らせば，適切とはいえない。

③ 中央銀行の独立性強化は，アカウンタビリティ（説明責任と最終責任）の確保と一体化して主張される必要がある。

④ 日本銀行法の改正（1998年）は，いわゆる護送船団行政を改革することをその主な狙いとしたものである。

（「証券アナリスト第１次試験」平成12年度）

≪解答＆解答の解説≫

答え は④です。改正日本銀行法により，日本銀行は独立性を保証される一方で，金融政策の決定に関して国民への説明責任を負うことになりました。

Chapter VI

ＩＳ－ＬＭ分析

生産物市場→45度線分析－(金利の内生化)→ＩＳ
↘ＩＳ－ＬＭ分析
↗
ＬＭ
↑
貨幣市場

「45度線モデル」と「ＩＳ－ＬＭモデル」はともに，有効需要原理に基づいて，ＧＤＰの均衡水準を決定しています。両モデルは，国民経済の供給サイドについては何ら問題はないと考えています。

1　45度線分析

45度線分析は１本の需給均衡式で，１個の未知数（ＧＤＰ）を決定しています。45度線分析は，「Ｙ＝Ｃ＋Ｉ＋Ｇ＋ＥＸ－ＩＭ」といった生産物市場の需給均衡式だけを取り上げていますが，生産物の供給は貨幣の需要，生産物の需要は貨幣の供給をそれぞれ意味しています。生産物市場の需給均衡式と貨幣市場の需給均衡式は，同じものをいわば表と裏から見たようなものです。したがって，生産物市場の需給均衡式だけを取り上げていますが，このようなことを，「ワルラスの法則によって，貨幣市場を消去して，生産物市場を取り上げる」といったりします。

2　ＩＳ－ＬＭ分析

ＩＳ－ＬＭ分析では，２個の未知数（ＧＤＰと金利）を決定するので，２本の需給均衡式が必要です。ＩＳ－ＬＭ分析は，生産物市場と貨幣市場の需給均衡式を取り上げていますが，金利は債券の金利のことです。ＩＳ－ＬＭ分析は，ワルラスの法則によって，債券市場を消去して，生産物市場と貨幣市場を取り上げています。

【知っておきましょう】 ワルラスの法則

各経済主体の予算制約式の合計は「ワルラスの法則」と呼ばれています。ワルラスの法則によれば，ｎ個の市場を考えたとき，（ｎ－１）個の市場の需給が均衡すれば，残りの１つの市場でも需給は必ず均衡します。

【知っておきましょう】 債　　券

ＩＳ－ＬＭモデルは，資産を利子を生まない「貨幣」と，利子を生む「その他資産」（実物資産と貨幣以外の金融資産）に分類しています。株式（実物資産の持分権）を含めた，お互いに強い代替関係にあるその他資産を「債券」として一括しています。

ＩＳ－ＬＭモデルにはたくさんの記号が出てくるだけで，数学・数式とは思わないようにしましょう。式は記号で表されていますが，$2+2=4$，$2\times2=4$，$\frac{4}{2}=2$程度の算数しか使っていません。入門レベルであっても，経済学には記号はつきものです。記号を使った式を見て，難しい数学と勘違いしないようにしましょう。ＩＳ－ＬＭ分析は言葉で，図で，数式で説明できますが，以下の記号に慣れさえすれば，数式が一番理解しやすいものです。ＩＳ－ＬＭ分析は最重要分析用具であるので，言葉，図，数式のすべてで理解できるようにしましょう。

まず，次の記号の意味を丸暗記し，記号に慣れましょう。

Ｙ＝国内総生産（ＧＤＰ），Ｃ＝民間の消費需要，Ｉ＝民間の投資需要，Ｇ＝政府の需要，ＥＸ＝輸出，ＩＭ＝輸入，Ｓ＝民間の貯蓄，Ｔ＝租税，ｒ＝金利，ｃ＝限界消費性向，ｖ＝投資の金利感応性，$M^{S}{}_{0}$＝一定の貨幣供給量，M^{D}

＝貨幣需要量，L_1＝取引動機・予備的動機に基づく貨幣需要，L_2＝投機的動機に基づく貨幣需要，ｋ＝マーシャルのｋ，ｕ＝投機的貨幣需要の金利感応性，Y_f＝ＧＤＰの完全雇用水準。

Ⅰ　ＩＳ－ＬＭモデル

ＩＳ－ＬＭ分析を図と式で学び，ＩＳ曲線とＬＭ曲線のそれぞれの導出を理解しましょう。ＩＳ曲線とＬＭ曲線によるＧＤＰ，金利の均衡水準の決定を理解しましょう。

問題6－1　ＩＳ－ＬＭ分析

次の文章の空欄①～⑳に入れるべきもっとも適切な語句を，下段に挙げている語群の中から１つ選びなさい。ただし，同じ語句を繰り返し用いてもよい。

次の方程式群は，ＩＳ－ＬＭモデルである。

$$Y = C + I + G \qquad (1)$$

$$C = C(Y) \qquad (2)$$

$$I = I(r) \qquad (3)$$

$$G = G_0 \qquad (4)$$

$$M^S = M^D \qquad (5)$$

$$M^S = M^S{}_0 \qquad (6)$$

$$M^D = L(Y, r) \qquad (7)$$

⑴　消費関数において，Ｙが増加すると，他の条件が変わらなければ，Ｃは（　①　）する。

⑵　投資関数において，ｒが上昇すると，他の条件が変わらなければ，Ｉは（　②　）する。

⑶　貨幣需要関数において，Ｙが増加すると，他の条件が変わらなければ，M^Dは（　③　）する。また，ｒが上昇すると，他の条件が変わらなけ

れば，M^Dは（ ④ ）する。

⑷ ⑴の式は，（ ⑤ ）の均衡条件を表している。いま，縦軸にr，横軸にYをとると，式⑴〜⑷より，（ ⑥ ）の（ ⑦ ）曲線が書ける。ただし，投資の利子弾力性が（ ⑧ ）のとき，（ ⑦ ）曲線は垂直となる。

⑸ ⑸の式は，（ ⑨ ）の均衡条件を表している。いま，縦軸にr，横軸にYをとると，式⑸〜⑺より，（ ⑩ ）の（ ⑪ ）曲線が書ける。ただし，（ ⑫ ）が存在するとき，（ ⑪ ）曲線は水平となる。

⑹ 拡張的財政政策がとられたとき，（ ⑬ ）曲線は（ ⑭ ）にシフトする。このとき，（ ⑮ ）が上昇し，そのため（ ⑯ ）が減少する分，（ ⑰ ）が発生する。これに対して，金融緩和政策がとられたとき，これは（ ⑱ ）の増加を意味しており，（ ⑲ ）曲線は（ ⑳ ）にシフトする。

［語群］

A クラウディング・アウト　B ビルト・イン・スタビライザー
C 流動性制約　D 流動性の罠　E 増加　F 減少　G 右下がり
H 右上がり　I 生産物市場　J 貨幣市場　K 労働市場　L 貨幣需要量　M 貨幣供給量　N 消費　O 投資　P 右下方　Q 左下方
R 右上方　S 左上方　T 利子率　U 国民所得　V ＩＳ
W ＬＭ　X ＢＰ　Y ゼロ　Z 無限大

≪解答＆解答の解説≫

① E（増加） ② F（減少） ③ E（増加） ④ F（減少） ⑤ I（生産物市場） ⑥ G（右下がり） ⑦ V（ＩＳ） ⑧ Y（ゼロ） ⑨ J（貨幣市場） ⑩ H（右上がり） ⑪ W（ＬＭ） ⑫ D（流動性の罠） ⑬ V（ＩＳ） ⑭ R（右上方） ⑮ T（利子率） ⑯ O（投資） ⑰ A（クラ

ウディング・アウト） ⑱ Ｍ（貨幣供給量） ⑲ Ｗ（ＬＭ） ⑳ Ｐ（右下方）

問題6－2 ＩＳ曲線

ＩＳモデルが次のように定式化されています。

$Y=C+I$ （生産物市場の需給均衡式）

$C=C_0+cY$ （消費関数）

$I=I_0-vr$ （投資関数）

以下の問いに答えなさい。

(1) 上記のモデルを「貯蓄＝投資」の形に書き換えなさい。

(2) ｃ，ｖは何と呼ばれていますか。

(3) ＩＳ方程式をＹ＝･･･，ｒ＝･･･の形で求めなさい。

(4) 縦軸にｒ，横軸にＹをとって，ＩＳ曲線を図示しなさい。縦軸切片，横軸切片を書き入れなさい。

(5) 投資の利子率感応性の大きさとＩＳ曲線の傾きの関係を説明しなさい。

(6) ＩＳ曲線のシフト要因を挙げなさい。

≪解答＆解答の解説≫

(1) $S=Y-C=I$ （生産物市場の需給均衡式：貯蓄＝投資）

$S=-C_0+(1-c)Y$ （貯蓄関数：☞ p.39）

$I=I_0-vr$ （投資関数）

(2) ｃは限界消費性向，ｖは投資の利子率感応性とそれぞれ呼ばれています。

(3) 問題の３本の式を１本にまとめたものがＩＳ方程式です。

$$Y=\frac{C_0+I_0}{1-c}-\frac{v}{1-c}r$$ （答え：ＩＳ方程式）

$$r=\frac{C_0+I_0}{v}-\frac{1-c}{v}Y$$ （答え：ＩＳ方程式）

(4) ＩＳ曲線は生産物市場の需給均衡を満たすＧＤＰと利子率の組み合わせの軌跡です。

図６－１　ＩＳ曲線の導出

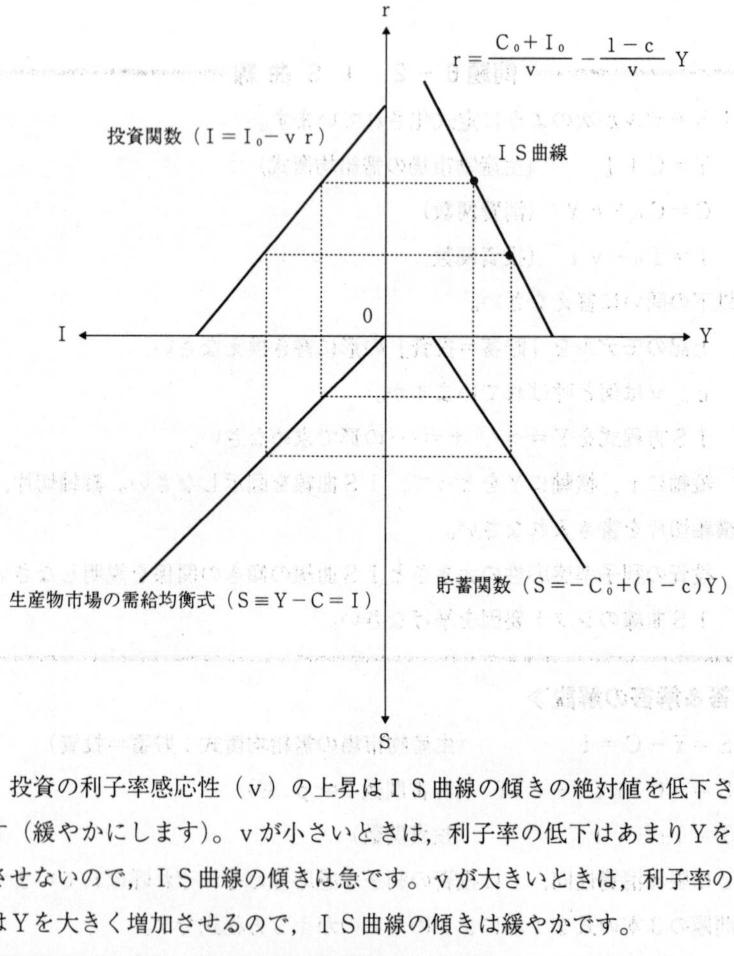

⑸　投資の利子率感応性（ｖ）の上昇はＩＳ曲線の傾きの絶対値を低下させます（緩やかにします）。ｖが小さいときは，利子率の低下はあまりＹを増加させないので，ＩＳ曲線の傾きは急です。ｖが大きいときは，利子率の低下はＹを大きく増加させるので，ＩＳ曲線の傾きは緩やかです。

【知っておきましょう】　投資の利子率感応性

「ｒ－（ｖ＝投資の利子率感応性）→Ｉ－（乗数）→Ｙ」を理解しましょう。利子率の低下がいくらＹを増加させるのかは投資の利子率感応性（ｖ）に依存していることを理解しましょう。

図６－２　投資の利子率感応性

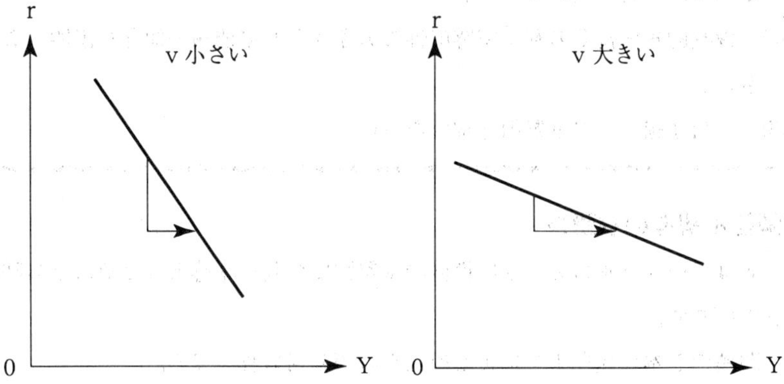

⑹　縦軸切片は$\frac{C_0+I_0}{v}$，横軸切片は$\frac{C_0+I_0}{1-c}$です。基礎消費（C_0），独立投資（I_0）の上昇はＩＳ曲線を右上方へシフトさせます。

【知っておきましょう】　ＩＳ曲線のシフト

景気を刺激しそうな実物的シフト要因はＩＳ曲線を右へシフトさせます。

問題６－３　ＬＭ曲線

ＬＭモデルが次のように定式化されています。

$M^S=M^D$　（貨幣市場の需給均衡式）

$M^S=M^S{}_0$　（一定の貨幣供給）

$M^D=L_1(Y)+L_2(r)$　（貨幣需要関数）

$L_1=L_1(Y)=kY$

（取引動機および予備的動機に基づく貨幣需要）

$L_2=L_2(r)=M^D{}_0-ur$　（投機的動機に基づく貨幣需要）

以下の問いに答えなさい。

⑴　k，uは何と呼ばれていますか。

⑵　ＬＭ方程式をr＝･･･の形で求めなさい。

⑶　縦軸にr，横軸にＹをとって，ＬＭ曲線を図示しなさい。縦軸切片，

横軸切片を書き入れなさい。

⑷　投機的貨幣需要の利子率感応性の大きさとＬＭ曲線の傾きを説明しなさい。

⑸　ＬＭ曲線のシフト要因を挙げなさい。

≪解答＆解答の解説≫

⑴　ｋはマーシャルのｋ，ｕは投機的貨幣需要の利子率感応性とそれぞれ呼ばれています。

⑵　問題の５本の式を１本にまとめたものがＬＭ方程式です。

$$r=\frac{M^D{}_0-M^S{}_0}{u}+\frac{k}{u}Y$$ （答え：ＬＭ方程式）

⑶　ＬＭ曲線は貨幣市場の需給均衡を満たすＧＤＰと利子率の組み合わせの軌跡です。

図６－３　ＬＭ曲線の導出

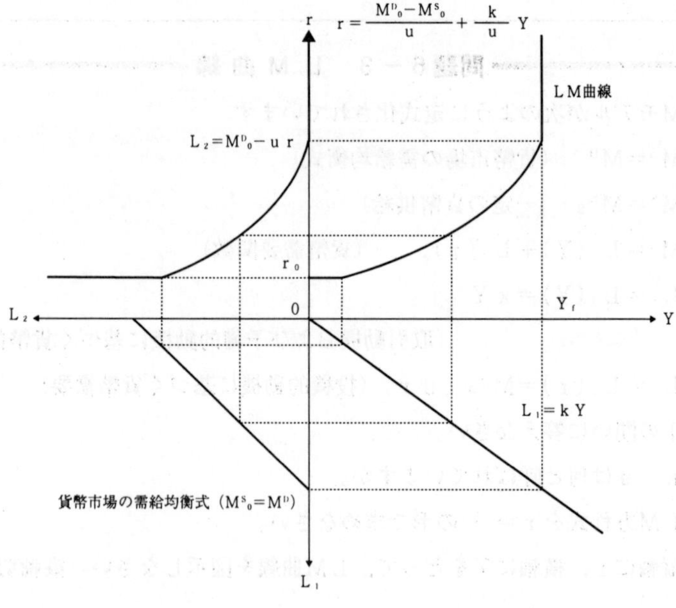

⑷　貨幣需要の利子率感応性（ｕ）の上昇はＬＭ曲線の傾きを低下させます（緩やかにします）。ｕが無限大（流動性のワナ）のときは，ＬＭ曲線は水平です。ｕがゼロ（古典派経済学のケース）のときは，ＬＭ曲線は垂直です。

【知っておきましょう】　貨幣需要の利子率感応性

流動性のワナは貨幣需要の利子率感応性が無限大であるケースです。このときはＬＭ曲線は水平であるので，貨幣需要の利子率感応性が小さくなることはそれとは逆ですので，ＬＭ曲線の傾斜は急になると暗記しておきましょう。

⑸　貨幣供給量（$M^{S}{}_{0}$）の増大はＬＭ曲線を右下方へシフトさせます。

【知っておきましょう】　ＬＭ曲線のシフト

景気を刺激しそうな貨幣的シフト要因はＬＭ曲線を右へシフトさせます。

問題６－４　ＩＳ－ＬＭモデル（Ｙ＝Ｃ＋Ｉ）

ＩＳ－ＬＭモデルが次のように定式化されています。

$Y=C+I$　（生産物市場の需給均衡式）

$C=C_0+cY$　（消費関数）

$I=I_0-vr$　（投資関数）

$M^S=M^D$　（貨幣市場の需給均衡式）

$M^S=M^S{}_0$　（一定の貨幣供給）

$M^D=L_1(Y)+L_2(r)$　（貨幣需要関数）

$L_1=L_1(Y)=kY$（取引動機および予備的動機に基づく貨幣需要）

$L_2=L_2(r)=M^D{}_0-ur$　（投機的動機に基づく貨幣需要）

以下の問いに答えなさい。

⑴　ＧＤＰ，利子率の均衡水準を求めなさい。

⑵　市場不均衡下のＧＤＰと利子率の調整方向を矢印で示しなさい。

≪解答＆解答の解説≫

(1)　まず，ＩＳ方程式，ＬＭ方程式を求めます（☞問題６－２，６－３）。

$$Y=\frac{C_0+I_0}{1-c}-\frac{v}{1-c}r \quad （ＩＳ方程式）$$

あるいは，

$$r=\frac{C_0+I_0}{v}-\frac{1-c}{v}Y \quad （ＩＳ方程式）$$

$$r=\frac{M^D{}_0-M^S{}_0}{u}+\frac{k}{u}Y \quad （ＬＭ方程式）$$

の２本の方程式（ＩＳ方程式とＬＭ方程式）より，

$$Y^*=\frac{C_0+I_0+\frac{v}{u}(M^S{}_0-M^D{}_0)}{1-c+\frac{vk}{u}}$$ （答え：ＧＤＰの均衡水準）

$$r^*=\frac{(1-c)(M^D{}_0-M^S{}_0)+k(C_0+I_0)}{(1-c)u+vk}$$ （答え：利子率の均衡水準）

を得ることができます。

(2)　不均衡の調整過程は次のように定式化されます。

$$\frac{dY(t)}{dt}=\theta_1((C+I)-Y) \quad （生産物市場の不均衡の調整過程）$$

$$\frac{dr(t)}{dt}=\theta_2(M^D-M^S{}_0) \quad （貨幣市場の不均衡の調整過程）$$

ここで，θ_1，θ_2は正の調整速度係数です。下図は位相図と呼ばれています。

図６－４　市場不均衡下のＧＤＰと利子率の調整方向

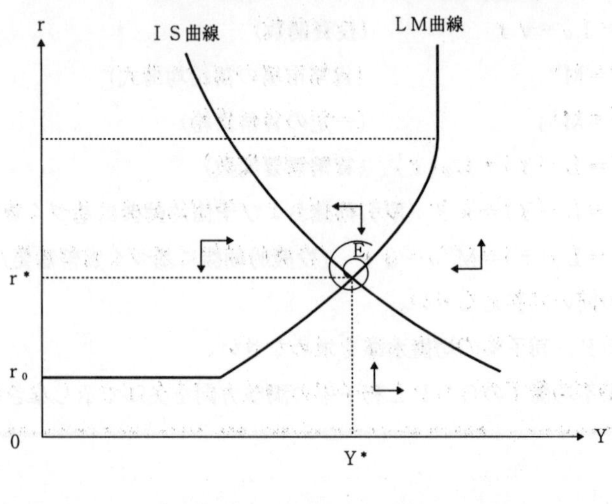

問題6－5　ＩＳ－ＬＭモデル(Ｙ＝Ｃ＋Ｉ＋Ｇ)

次のＩＳ－ＬＭモデルを考えます。

$Y=C+I+G$	(生産物市場の需給均衡式)
$C=50+0.8Y_d$	(消費関数)
$Y_d=Y-T$	(可処分所得の定義)
$T=T_0$	(一括固定税)
$I=730-50r$	(投資関数)
$G=G_0$	(一定の政府支出)
$M^S=M^D$	(貨幣市場の需給均衡式)
$M^S=800$	(一定の貨幣供給)
$M^D=L_1(Y)+L_2(r)$	(貨幣需要関数)
$L_1=0.2Y$	(取引動機・予備的動機に基づく貨幣需要)
$L_2=800-50r$	(投機的動機に基づく貨幣需要)

以下の問いに答えなさい。

(1)　ＩＳ方程式，ＬＭ方程式を求めなさい。

(2)　$T_0=G_0=100$とします。ＧＤＰ，利子率の均衡水準を求めなさい。

(3)　拡張的財政政策により政府支出が150に増加したときのＧＤＰ，利子率の均衡水準を求めなさい。

≪解答＆解答の解説≫

(1)　ＩＳ方程式，ＬＭ方程式はそれぞれ生産物市場，貨幣市場の需給均衡を満たすＧＤＰと利子率の組み合わせを示しています。

①　$Y=C+I+G$

$$=(50+0.8Y_d)+(730-50r)+G_0$$

$$=\{50+0.8(Y-T_0)\}+(730-50r)+G_0$$

(生産物市場の需給均衡式)

より，

$$Y=\frac{1}{1-0.8}(780-0.8T_0-50r+G_0)$$

$=3,900-4T_0-250r+5G_0$ （答え：ＩＳ方程式）

② $M^S=M^D$

$800=0.2Y+800-50r$ （貨幣市場の需給均衡式）

より，

$Y=250r$ （答え：ＬＭ方程式）

⑵ $T_0=G_0=100$のとき，ＩＳ方程式，ＬＭ方程式はそれぞれ

$Y=3,900-4T_0-250r+5G_0$

$=3,900-4\times100-250r+5\times100$

$=4,000-250r$ （ＩＳ方程式）

$Y=250r$ （ＬＭ方程式）

になります。ＩＳ方程式とＬＭ方程式の２本の方程式より，

$r^*=8$ （答え：利子率の均衡水準）

$Y^*=2,000$ （答え：ＧＤＰの均衡水準）

を得ることができます。

⑶ $T_0=100$，$G_0=150$のとき，問２と同様にして，

$r^*=8.5$ （答え：利子率の均衡水準）

$Y^*=2,125$ （答え：ＧＤＰの均衡水準）

図６－５　財政政策の有効性

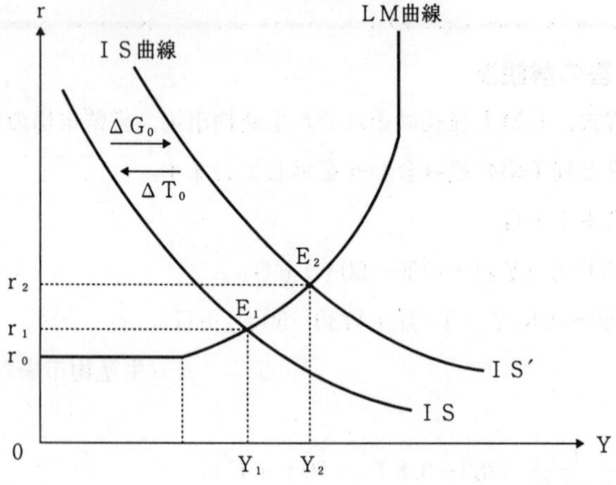

問題６－６　期待インフレとＩＳ－ＬＭモデル

閉鎖経済下のＩＳ－ＬＭモデルで安定的な期待インフレが生じた場合のＧＤＰの変化について，次の記述のうち正しいものはどれですか。ただし，縦軸は名目金利水準であるものとする。

①　ＩＳ曲線は実質金利，ＬＭ曲線は名目金利に依存するので，ＩＳ曲線のみ右にシフトしＧＤＰは増加する。

②　ＩＳ曲線は名目金利，ＬＭ曲線は実質金利に依存するので，ＬＭ曲線のみ右にシフトしＧＤＰは増加する。

③　ＩＳ，ＬＭ曲線とも実質金利に依存するので，両曲線とも右にシフトしＧＤＰは増加する。

④　両曲線になんら影響を与えないのでＧＤＰは変化しない。

（「証券アナリスト第１次試験」平成12年度）

≪解答＆解答の解説≫

答え は①です。投資（ＩＳ曲線）は実質金利，貨幣需要（ＬＭ曲線）は名目金利にそれぞれ依存しているので，②，③は誤りです。期待インフレが生じた場合，実質金利は期待インフレ分だけ下落するため，縦軸に名目金利をとると，ＩＳ曲線は期待インフレ分だけ上方（右方）にシフトするので，①は正しく，④は誤りです。

【理解を深めましょう】　名目金利と実質金利

インフレ要因（デフレ要因）を考慮すると，金利の概念は「名目金利」と「実質金利」の区別が行われます。つまり，

実質金利（ρ）＝名目金利（r）－予想インフレ率（π^{e}）

です。本文では，名目金利と実質金利の区別はありませんでしたが，インフレ要因（デフレ要因）を考慮すると，ＩＳ－ＬＭモデルの一部は，以下のように修正されます。

$I = I_0 - v\rho$　（投資関数：投資は実質金利の減少関数）

$= I_0 - v(r - \pi^e)$

Ⅱ　ＩＳ－ＬＭモデルと金融・財政政策

不況対策としては，金融緩和政策と財政拡張政策のどちらの方がよいのでしょうか。ＩＳ，ＬＭ曲線を図示しながら，それら曲線の傾きのいかんによって金融政策・財政政策の有効性が異なることを理解しましょう。そのときのポイントは投資の利子率感応性（ｖ）と投機的貨幣需要の利子率感応性（ｕ）の大きさです。ＩＳ曲線，ＬＭ曲線の特殊なケースにおける，金融政策・財政政策の有効性を理解しましょう。

問題６－７　ＩＳ－ＬＭモデルと金融・財政政策

均衡における国民所得と利子率に関する記述のうち，正しいものはどれですか。

① 政府支出を増加させると，均衡国民所得は増加し，均衡利子率は下落する。

② 貨幣供給量を増加させると，均衡国民所得は増加し，均衡利子率は下落する。

③ 政府支出を増加させると，均衡貨幣量は増加し，均衡利子率は下落する。

④ 貨幣供給量を増加させると，均衡政府支出は増加し，均衡利子率は上昇する。

（「証券アナリスト第１次試験」平成12年度）

≪解答＆解答の解説≫

政府支出を増加させると，ＩＳ曲線は右へシフトし，均衡国民所得は増加し，均衡利子率は上昇します。貨幣供給量を増加させると，ＬＭ曲線は右へシフトし，均衡国民所得は増加し，均衡利子率は下落します。**答え**は②です。

問題６－８　ＩＳ曲線・ＬＭ曲線の特殊ケースと金融・財政政策

次の３つの特殊ケースのＩＳ曲線・ＬＭ曲線を図示し，金融・財政政策の有効性を説明しなさい。

(1)　投資の利子率感応性がゼロ（$v=0$）であるケース

(2)　貨幣需要の利子率感応性がゼロ（$u=0$）であるケース

(3)　「流動性のワナ」（$u=\infty$）のケース

《解答＆解答の解説》

問題６－５のＩＳ－ＬＭモデルより，

$$Y=\frac{C_0+I_0+G_0-cT_0}{1-c}-\frac{v}{1-c}r \quad (\text{ＩＳ方程式})$$

あるいは

$$r=\frac{C_0+I_0+G_0-cT_0}{v}-\frac{1-c}{v}Y \quad (\text{ＩＳ方程式})$$

$$r=\frac{M^D{}_0-M^S{}_0}{u}+\frac{k}{u}Y \quad (\text{ＬＭ方程式})$$

を得ることができます。

(1)　$v=0$のとき，ＩＳ曲線は$Y=\frac{C_0+I_0+G_0-cT_0}{1-c}$で垂直になります。

ＩＳ方程式より，

$$Y^*=\frac{C_0+I_0+G_0-cT_0}{1-c} \quad (\text{ＧＤＰの均衡水準})$$

であり，これは45度線分析と同じです。ＩＳ曲線は垂直であり，Y^*をＬＭ方程式に代入すると，

$$r^*=\frac{M^D{}_0-M^S{}_0}{u}+\frac{k}{u}Y^* \quad (\text{利子率の均衡水準})$$

を得ることができます。ＧＤＰは実物領域で，利子率は金融領域でそれぞれ決定されています。

$$\frac{\Delta Y^*}{\Delta G_0}=\frac{1}{1-c}>0$$ （答え：財政政策乗数）

$$\frac{\Delta Y^*}{\Delta M^S{}_0}=0$$ （答え：金融政策は無効）

【数学チェック】

$$Y=\frac{C_0+I_0+G_0-cT_0}{1-c}-\frac{v}{1-c}r \quad (\text{ＩＳ方程式})$$

では，$v=0$とおくことはできるが，

$$r=\frac{C_0+I_0+G_0-cT_0}{v}-\frac{1-c}{v}Y \quad (\text{ＩＳ方程式})$$

では，$v=0$とおくことはできません。というのは，分子はゼロにできても，分母はゼロにできないからです。

図６－６　投資の利子率感応性ゼロのケース

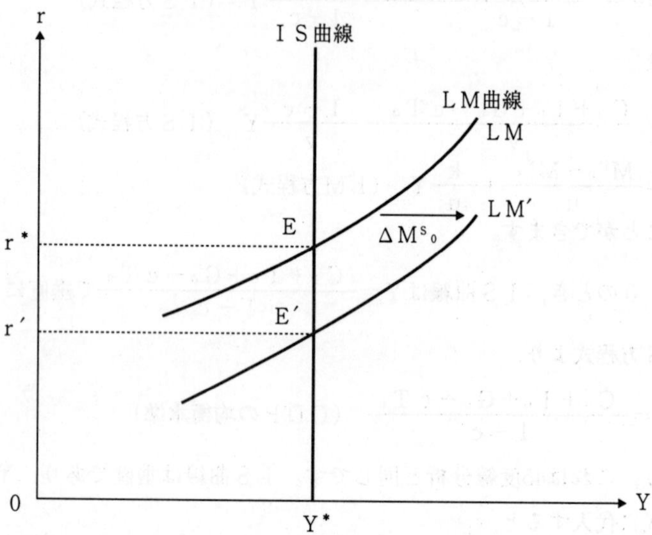

⑵　ＬＭ方程式の両辺にｕをかけます。

$$ur=(M^D{}_0-M^S{}_0)+kY \quad (\text{ＬＭ方程式})$$

$u=0$とおきます。

$$0=(M^D{}_0-M^S{}_0)+kY$$

であるので，ＬＭ曲線は$Y=\dfrac{M^S{}_0-M^D{}_0}{k}$で垂直です。ＬＭ方程式より，

$$Y^*=\frac{M^S{}_0-M^D{}_0}{k} \quad (\text{ＧＤＰの均衡水準})$$

であり，ＬＭ曲線は垂直です。Ｙ＊をＩＳ方程式に代入すると，

$$r^{*}=\frac{C_0+I_0+G_0-cT_0}{v}-\frac{(M^S{}_0-M^D{}_0)(1-c)}{kv}\text{(利子率の均衡水準)}$$

を得ることができます。ＧＤＰは金融領域で，利子率は実物領域でそれぞれ決定されています。

$$\frac{\Delta Y^{*}}{\Delta G_0}=0$$　（**答え**：財政政策は無効）

$$\frac{\Delta Y^{*}}{\Delta M^S{}_0}=\frac{1}{k}$$　（**答え**：金融政策乗数）

【数学チェック】

$$r=\frac{M^D{}_0-M^S{}_0}{u}+\frac{u}{k}Y \quad \text{(ＬＭ方程式)}$$

では，ｕは分母にあるので，ｕ＝０とすることはできません。そこで，両辺にｕをかければ，$ur=(M^D{}_0-M^S{}_0)+kY$になり，ｕは分子に位置するので，ｕ＝０にすることができます。

図６－７　貨幣需要の利子率感応性ゼロのケース

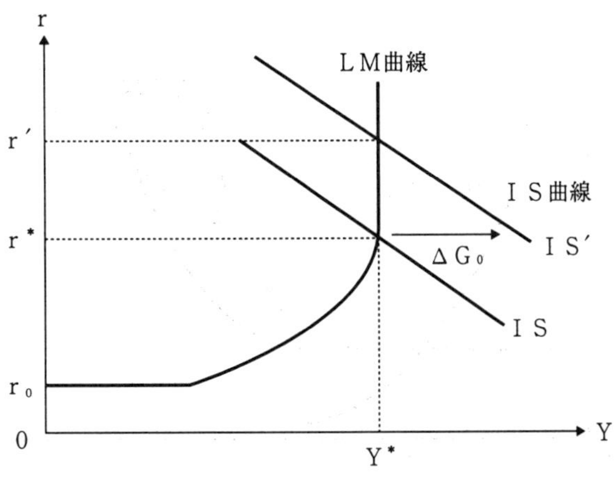

⑶　ＬＭ方程式は，$r=r_0$（一定）によって置き換えられます。ＬＭ曲線は$r=r_0$で水平であり，r_0をＩＳ方程式に代入すると，

$$Y^* = \frac{C_0 + I_0 + G_0 - cT_0}{1 - c} - \frac{v}{1 - c} r_0$$ （ＧＤＰの均衡水準）

であり，これは45度線分析と同じことを意味しています。ＧＤＰは実物領域で，利子率は金融領域でそれぞれ決定されています。

$$\frac{\Delta Y^*}{\Delta G_0} = \frac{1}{1 - c}$$ （答え：財政政策乗数）

$$\frac{\Delta Y^*}{\Delta M^S_0} = 0$$ （答え：金融政策は無効）

【知っておきましょう】　流動性のワナ

流動性のワナは貨幣の利子率弾力性無限大によって定義されます。貨幣の利子率弾力性とは１％の利子率の変化に対する貨幣需要量の変化率です。流動性のワナの状況下では，貨幣供給量が増えても，それがすべて貨幣需要量の増加によって吸収されて債券需要には向かわず，利子率の低下はまったく起こりません。

図６－８　流動性のワナ

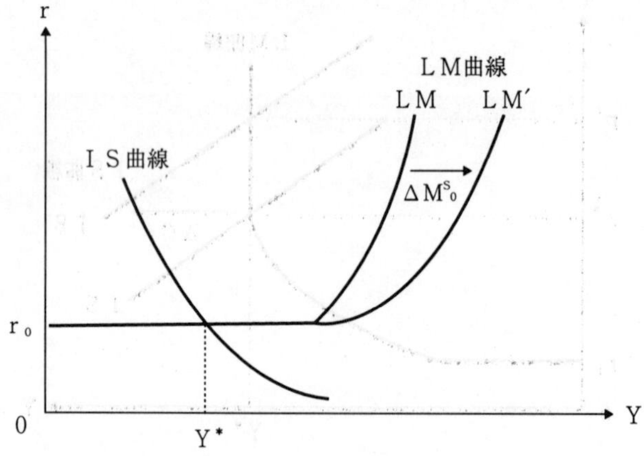

Chapter VII

ＡＤ－ＡＳ分析

45度線分析でもＩＳ－ＬＭ分析でも，国民経済の供給サイドは無視され，物価水準は一定として取り扱われています。日本経済の再生のためには，サプライ・サイドの構造改革が必要であるといわれています。国民経済のサプライ・サイドをどのようにすれば，経済は回復するのでしょうか。

ＩＳ－ＬＭ分析－(物価水準の内生化)→ＡＤ(Aggregate Demand)
↘
ＡＤ－ＡＳ分析
↗
労働市場→ＡＳ（Aggregate Supply）

ＩＳ－ＬＭ分析は国民経済の供給サイドを無視していました。ＩＳ曲線とＬＭ曲線は，物価水準を内生変数とすることにより，国民経済の需要サイドを表しているＡＤ曲線に一本化できます。まずＩＳ－ＬＭ分析のどこに物価水準が導入されているのかを理解しましょう。ＩＳ－ＬＭ分析では，２本の需給均衡式（生産物市場と貨幣市場の需給均衡式）から２個の未知数（ＧＤＰと金利）を得ることができましたが，物価水準が内生化されると，ＩＳ－ＬＭ分析で求められるＧＤＰと金利の均衡水準は物価水準に依存します。３個の未知数（ＧＤＰ，金利，物価）の決定のためには，労働市場（国民経済の供給サイド）が必要です。労働の需要・供給から総供給曲線（ＡＳ曲線）を導出できることを理解しましょう。

I　ＡＤ－ＡＳ分析

古典派経済学とケインズ派経済学を対比させながら，労働需要関数と労働供給関数，総供給関数（ＡＳ関数）を理解しましょう。金融政策・財政政策と構造改革の効果をＡＤ－ＡＳ曲線を図示しながら，理解しましょう。

問題７－１　労働市場

⑴　古典派の第一公準を説明しなさい。

⑵　古典派の第二公準を説明しなさい。

《解答＆解答の解説》

⑴　「労働の限界生産力＝実質賃金率」は古典派の第一公準と呼ばれています。それは労働需要関数についてのものであり，古典派とケインズ派はともに認めています。企業の利潤最大化行動より，労働需要関数を導出することができます。労働需要量N^Dは実質賃金率の減少関数です。

⑵　「労働の限界不(負)効用＝実質賃金率」は古典派の第二公準と呼ばれています。それは労働供給関数についてのものであり，古典派の第二公準を古典派は認めていますが，ケインズ派は認めていません。古典派とケインズ派は労働需要関数は同じですが，労働供給関数は異なっています。

①　古典派の労働供給関数

労働供給量N^Sは実質賃金率の増加関数です。

②　ケインズ派の労働供給関数

$N^S=0 \quad w<w_0$

$w=w_0$　（貨幣賃金率の下方硬直性）

$N^S=N^S(w) \quad w>w_0$　（貨幣賃金率の上方伸縮性）

表７－１　労働市場についての古典派とケインズ派

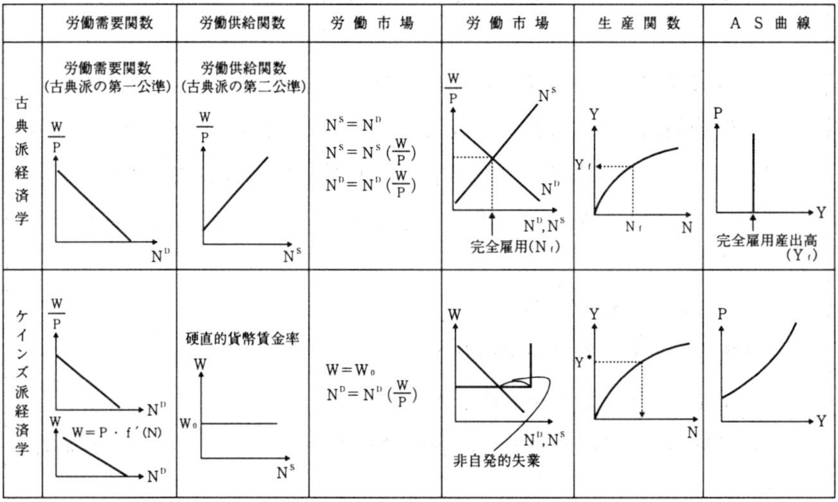

労働需要関数
労働供給関数
労 働 市 場
労 働 市 場
生 産 関 数
Ａ Ｓ 曲 線
古典派経済学
労働需要関数
(古典派の第一公準)
W/P
N^D
労働供給関数
(古典派の第二公準)
W/P
N^S
N^S＝N^D
N^S＝N^S(W/P)
N^D＝N^D(W/P)
W/P
N^S
N^D
N^D,N^S
完全雇用(N_f)
Y
Y_f
N_f
N
P
Y
完全雇用産出高
(Y_f)
ケインズ派経済学
W/P
N^D
W
W＝P・f′(N)
N^D
硬直的貨幣賃金率
W
W₀
N^S
W＝W₀
N^D＝N^D(W/P)
W
N^D,N^S
非自発的失業
Y
Y*
N
P
Y

問題７－２　ＡＤ－ＡＳ(総需要－総供給)分析

次のＡＤ－ＡＳモデルを考えます。

$Y=C+I$　　(生産物市場の需給均衡式)

$C=20+0.6Y$　　(実質消費関数)

$I=70-6r$　　(実質投資関数)

$\dfrac{M^S}{P}=M^D$　　(貨幣市場の需給均衡式)

$M^S=360$　　(一定の名目貨幣供給)

$M^D=L_1(Y)+L_2(r)$　　(実質貨幣需要関数)

$L_1=\dfrac{1}{3}Y$　　(取引動機・予備的動機にもとづく貨幣需要)

$L_2=170-8r$　　(投機的動機にもとづく貨幣需要)

$Y=25\sqrt{N}$　　(生産関数)

$w=\dfrac{6}{25}$　　(一定の貨幣賃金率)

$N_f=64$　　(完全雇用量)

以下の問いに答えなさい。

⑴　45度線分析，ＩＳ－ＬＭ分析，ＡＤ－ＡＳ分析のちがいを説明しなさい。

⑵　ＩＳ方程式とＬＭ方程式を求めなさい。

⑶　一般物価水準ＰはＬＭ方程式だけに入っています。Ｐが上昇（P_0→P_1→P_2）したときの，ＩＳ曲線，ＬＭ曲線の交点で決まる均衡ＧＤＰ水準（Y_0→Y_1→Y_2）と一般物価水準（P_0→P_1→P_2）を対応させたものを図示しなさい。

⑷　ＡＤ曲線とは何ですか。

⑸　総需要（ＡＤ）関数を求めなさい。

⑹　総供給（ＡＳ）関数を求めなさい。

⑺　この経済の（不完全雇用）均衡状態におけるY^*，P^*，r^*を求めなさい。

⑻　u^*（失業率）を求めなさい。

≪解答＆解答の解説≫

⑴　Ｙ＝実質ＧＤＰ，ｒ＝市場利子率，Ｐ＝一般物価水準（下添字の０は一定）とします。

①　45度線分析（ワルラスの法則より貨幣市場を消去）

生産物市場の需給均衡式より$Y(r_0, P_0)$を決定します。

②　ＩＳ－ＬＭ分析（ワルラスの法則より債券市場を消去）

生産物市場，貨幣市場の需給均衡式よりＹ，$r(P_0)$を決定します。

③　ＡＤ－ＡＳ分析（ワルラスの法則より債券市場を消去）

生産物市場，貨幣市場，労働市場よりＹ，ｒ，Ｐを決定します。

⑵①　ＩＳ方程式

$$Y = C + I = (20 + 0.6Y) + (70 - 6r) = 90 + 0.6Y - 6r$$

$$(1 - 0.6)Y = 90 - 6r$$

より，

$$r = 15 - \frac{1}{15}Y$$　（答え：ＩＳ方程式）

② ＬＭ方程式

$$\frac{M^S}{P} = M^D$$

$$\frac{360}{P} = \frac{1}{3}Y + (170 - 8r)$$

より，

$$r = \frac{170}{8} + \frac{1}{24}Y - \frac{45}{P}$$　（答え：ＬＭ方程式）

(3)　Ｐの上昇（$P_0 \rightarrow P_1 \rightarrow P_2$）はＬＭ曲線を左上方へシフトさせます。

図７－１　総需要曲線（ＡＤ曲線）の導出

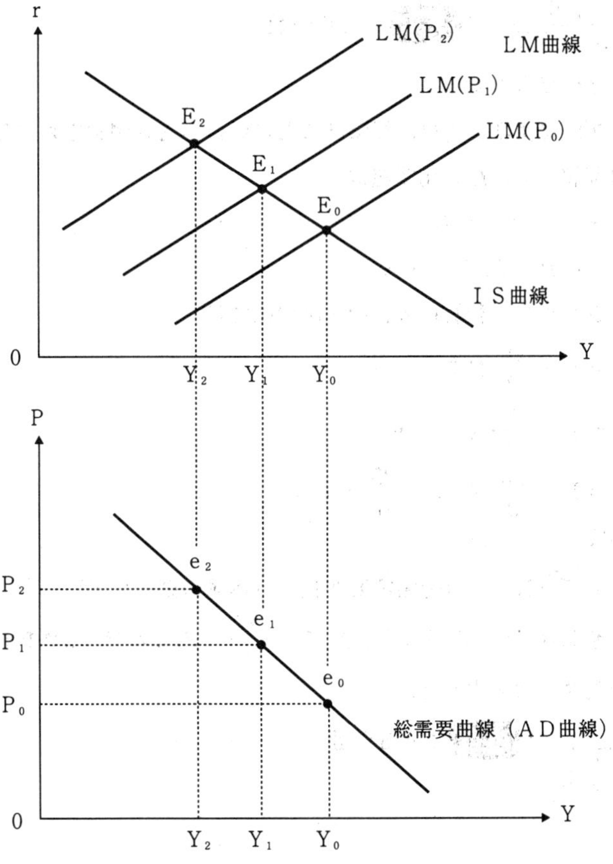

(4)　ＡＤ曲線は，生産物市場と貨幣市場の需給均衡を同時に満たす実質ＧＤＰと一般物価水準の組み合わせの軌跡です（☞図７－１）。

(5)　ＩＳ方程式，ＬＭ方程式よりｒを消去します。すなわち，

$$r=15-\frac{1}{15}Y \quad （ＩＳ方程式）$$

$$r=\frac{170}{8}+\frac{1}{24}Y-\frac{45}{P} \quad （ＬＭ方程式）$$

であるので，

$$15-\frac{1}{15}Y=\frac{170}{8}+\frac{1}{24}Y-\frac{45}{P}$$

より，

$$P=\frac{5,400}{13Y+750} \quad （答え：ＡＤ関数）$$

を得ることができます。

(6)　ケインズ派経済学と古典派経済学のちがいは，ＡＳ関数をめぐるものです。企業の利潤（π）最大化問題は，

$$\text{Max} \quad \pi=P\cdot Y-wN$$
$$=P\cdot 25N^{\frac{1}{2}}-wN$$

と定式化されます。利潤最大化の１階の条件は，

$$\frac{d\pi}{dN}=P\cdot\frac{25}{2}N^{\frac{1}{2}-1}-w$$
$$=P\cdot\frac{25}{2}N^{-\frac{1}{2}}-w$$
$$=P\cdot\frac{25}{2}N^{-\frac{1}{2}}-\frac{25}{6}=0$$

であるので，

$$\frac{25}{6P}=\frac{25}{2}N^{-\frac{1}{2}} \quad （労働需要関数：古典派の第一公準）$$

です。生産関数$Y=25N^{\frac{1}{2}}$より，$N^{-\frac{1}{2}}=\frac{25}{Y}$であるので，これを利潤最大化の１階の条件に代入すると，

$$P=\frac{1}{75}Y \quad （答え：ＡＳ関数）$$

が得られます。

【知っておきましょう】　スタグフレーション

原油価格，賃金などの上昇は，ＡＳ曲線を左上方へシフトさせ，Ｐは上昇，Ｙは下落します。不況下の物価の継続的上昇は「スタグフレーション」と呼ばれています。stagflation＝stagnation（景気の停滞）＋inflation（インフレーション）です。

(7)　ＡＤ曲線は右下がり，ＡＳ曲線は右上がりです。ＡＤ曲線とＡＳ曲線の交点より，ＹとＰの均衡水準を得ることができます。

$$P=\frac{5,400}{13Y+750}$$　（ＡＤ関数）

$$P=\frac{1}{75}Y$$　（ＡＳ関数）

であるので，

$$\frac{5,400}{13Y+750}=\frac{1}{75}Y$$

であり，

$Y^*=150$　（答え：ＧＤＰの均衡水準）

$P^*=2$　（答え：一般物価の均衡水準）

です。これをＩＳ方程式に代入すると，

$r^*=15-\frac{1}{15}Y^*=5$（％）（答え：利子率の均衡水準）

図７－２　ＡＤ曲線・ＡＳ曲線によるＧＤＰ・物価の均衡水準の決定

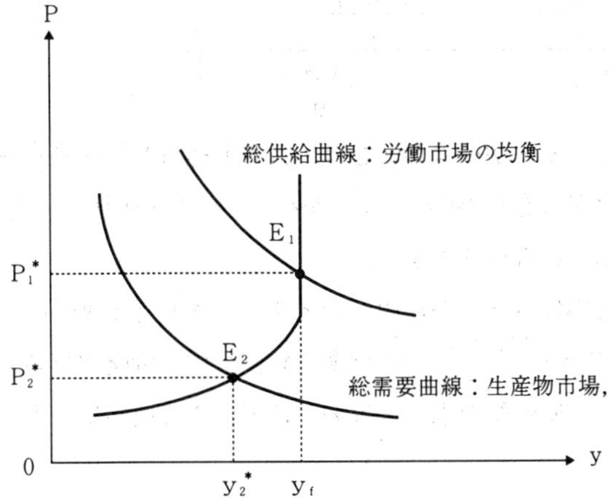

(8) 生産関数より，

$$N^{-\frac{1}{2}}=\frac{25}{Y}$$

であるので，両辺を２乗すると，

$$N^{*-1}=(\frac{25}{Y^*})^2=(\frac{25}{150})^2=(\frac{1}{6})^2=\frac{1}{36}$$

になります。

$$N^{*-1}=\frac{1}{N^*}$$

であり，

$N^*=36$　（雇用の均衡水準）

したがって，失業率（☞ p.116）は，

$$u^*=\frac{N_f-N^*}{N_f}\times 100=\frac{64-36}{64}\times 100$$

$=43.75\%$　（**答え**：失業率）

問題７－３　ＡＤ曲線の形状

(1) 投資の金利感応性の大きさとＡＤ曲線の傾きの関係を説明しなさい。

(2) 貨幣需要の金利感応性の大きさとＡＤ曲線の傾きの関係を説明しなさい。

≪解答＆解答の解説≫

問題７－２で求められるＡＤ方程式は，次のものです。

$$Y=\frac{C_0+I_0-\frac{vM^D{}_0}{u}}{1-a+\frac{vk}{u}}+\frac{\frac{vM^D{}_0}{u}}{1-a+(\frac{vk}{u})}\cdot\frac{1}{P}$$

(1) 投資の金利感応性（ｖ）がゼロのときは，ＡＤ曲線は$Y'=\frac{C_0+I_0}{1-a}$の水準で垂直です。投資の金利感応性（ｖ）が小さい（ＩＳ曲線が垂直に近い）ほど，ＡＤ曲線は垂直に近づきます。

(2) 貨幣需要の金利感応性（ｕ）が無限大のとき，つまり「流動性のワナ」のとき，ＡＤ曲線は$Y'=\frac{C_0+I_0}{1-a}$の水準で垂直です。貨幣需要の金利感応性（ｕ）が大きい（ＬＭ曲線が水平に近い）ほど，ＡＤ曲線は垂直に近づきます。

Ⅱ　古典派とケインズ派の総供給曲線

古典派経済学とケインズ派経済学はＡＳ曲線の形状によって類別されます。古典派のＡＳ曲線は完全雇用産出高水準で垂直であり，ケインズ派のＡＳ曲線は右上がりです。ＧＤＰと物価の均衡水準の同時決定を古典派経済学とケインズ派経済学に分けて理解しましょう。

問題７－４　古典派とケインズ派

古典派経済学の体系とケインズ経済学の体系を対照した記述のうち，最も適切なものはどれですか。

①　古典派では，労働市場も生産物市場も需給均衡が達成されると考える。これに対して，ケインズ派では，労働市場において均衡を下回る水準で名目賃金率の下方硬直性が生じることを前提とする。

②　古典派ではあらゆる市場で完全競争が前提されるのに対して，ケインズ派ではあらゆる市場で独占的競争が前提される。

③　古典派では，各経済主体は予算制約等の制約条件のもとで最適化行動を行い，自らの意思に反する経済取引は強制されないと考える。これに対して，ケインズ派では，非自発的失業や流動性制約の存在など，自ら望む経済取引が実行されない可能性を考慮する。

（「証券アナリスト第１次試験」平成10年度）

≪解答＆解答の解説≫

答え は③です。ケインズ派経済学では，均衡を上回る水準で名目賃金率の下方硬直性が想定されています（①は誤り）。ケインズ派経済学で独占的競争が考えられる１つの理由は，一般物価水準の硬直性を説明するためですが，必ずしもすべての市場において独占的競争が前提とされているわけではありません（②は誤り）。

問題7－5　ケインズ経済学

ケインズ経済学体系に関する次の記述のうち，正しいものはどれですか。

① ケインズ経済学の体系では，労働市場において非自発的失業が存在すると想定するが，その原因は労働市場において均衡を下回る水準で名目賃金率が下方硬直性を示すからである。

② ケインズ経済学の体系でも，生産物市場で完全雇用水準に対応した生産量を超えて有効需要が大きくなると，物価水準が上昇する真正インフレーションが発生する。

③ ケインズ経済学の体系では，非自発的失業が存在する場合には，生産物市場では超過供給が存在し，貯蓄が投資を下回ることになる。

（「証券アナリスト第１次試験」平成11年度）

≪解答＆解答の解説≫

答え は②です。労働市場において実質賃金率が均衡を上回る水準で非自発的失業が存在していても，名目賃金率の下方硬直性のため非自発的失業は解消されません。均衡を「下回る」水準としているので①は誤りです。労働市場で非自発的失業が存在する場合，生産物市場では超過供給が発生しています。生産物市場の超過供給は貯蓄超過を意味するので③は誤りです。

Chapter VIII

フィリップス曲線

消費税が3％から5％へ上がって，物価が上がればインフレでしょうか。パソコンの価格が下がっても，肉の価格が高くなればインフレでしょうか。インフレーションの定義と原因による分類（ディマンド・プル・インフレとコスト・プッシュ・インフレ）を理解しましょう。

インフレ率と失業率の間にどんな関係があるのでしょうか。「フィリップス曲線」とは貨幣賃金率の上昇率と失業率との間の経験的に観察された負の相関関係のことであり，A.W.フィリップスによって統計的に発見された事実です。フィリップス曲線とは何かを図示しながら理解しましょう。3種類の失業（自発的失業，摩擦的失業，非自発的失業）を学びましょう。

問題8－1　インフレーション

(1)　インフレーションとは何ですか。

(2)　ディマンド・プル・インフレとコスト・プッシュ・インフレのちがいを説明しなさい。

(3)　真性インフレーションとは何ですか。

≪解答＆解答の解説≫

(1)　インフレーションとは，

①　一般物価水準の継続的な上昇

あるいは，

②　貨幣価値の継続的な下落

のことです。

⑵　ディマンド・プル・インフレはＡＤ曲線の右上方への継続的なシフトによるインフレーションです。コスト・プッシュ・インフレはＡＳ曲線の左上方への継続的なシフトによるインフレーションです。

⑶　真性（真正）インフレーションはＡＳ曲線が垂直である状況下での，ＡＤ曲線の右上方への継続的なシフトによるインフレーションです。

図８－１　真性インフレーション

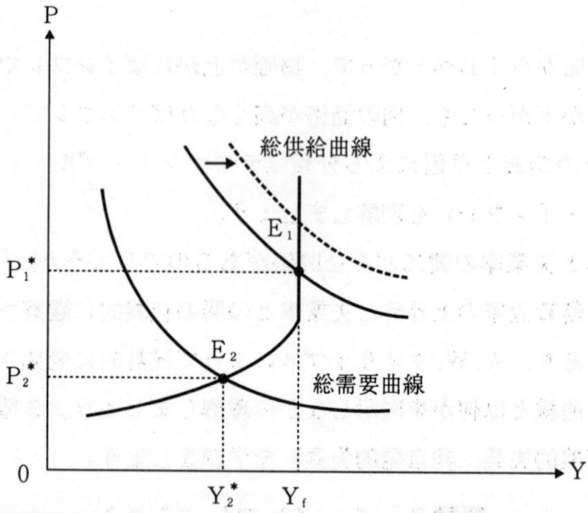

問題８－２　インフレーションと失業：フィリップス曲線

以下の文章の空欄に適当な用語を埋めなさい。

⑴　インフレーション（以下，インフレと略称）とは，物価水準の（　①　）である。インフレはその原因によって区別することができる。たとえば，技術革新による企業の投資増大や拡張的な財政政策によって引き起こされるインフレを（　②　）インフレという。このとき，産出量の増大も同時に起こっている。また，電気・ガスなどの公共料金の値上げなどによって引き起こされるインフレを（　③　）インフレという。このとき，（　④　）の増大も同時に起こっている。

⑵　フィリップス曲線とは，(　⑤　)軸に名目賃金の上昇率，(　⑥　)軸に失業率をとったとき，名目賃金が上昇すると，失業率が(　⑦　)するという関係を示したものである。労働市場において，労働の(　⑧　)があれば，名目賃金は上昇する。このフィリップス曲線において，名目賃金の上昇率の代わりにインフレ率を取り入れ，インフレ期待の概念を導入すると，自然失業率仮説に従えば，その曲線の形状は，短期的には(　⑨　)となり，長期的には(　⑩　)となる。

≪解答＆解答の解説≫

①　持続的上昇　②　ディマンドプル　③　コストプッシュ　④　失業

⑤　縦　⑥　横　⑦　低下　⑧　超過需要　⑨　右下がり　⑩　垂直

問題8－3　フィリップス曲線

⑴　失業の種類を挙げなさい。

⑵　失業率の定義を説明しなさい。

⑶　労働の需要量と未充足求人者数，労働の供給量と失業者数の関係を説明しなさい。

⑷　自然失業率とは何ですか。

⑸　物価フィリップス曲線を説明しなさい。

⑹　マネタリストによる短期と長期のフィリップス曲線の区別（自然失業率仮説）を説明しなさい。

⑺　合理的期待マクロ経済論者のフィリップス曲線を説明しなさい。

≪解答＆解答の解説≫

⑴　失業は次のように分類されています。

①　自発的失業

②　摩擦的失業

③　非自発的失業

(2) 失業率＝$\frac{\text{失業者数}}{\text{労働供給量}}$ （答え：失業率の定義）

(3) 労働の需要量＝雇用者数(90)＋未充足求人数(10) 答え

労働の供給量＝雇用者数(90)＋失業者数(10) 答え

労働市場が均衡（労働需要量＝労働供給量）していても，上記の数値例では10の失業者（自発的失業，摩擦的失業）が存在します。しかし，非自発的失業は存在しません。

(4) 自然失業率の定義には次の２通りがあります。

① 完全雇用状態に対応する失業率

$$\text{自然失業率}=\frac{\text{自発的失業}+\text{摩擦的失業}}{\text{労働供給}}$$

② 長期において成立する失業率

ここで，長期は「現実のインフレ率＝期待インフレ率」の状態と定義されています。

(5) A.W.フィリップスのフィリップス曲線とは貨幣賃金率の上昇率と失業率との間の経験的に観察された負の相関関係のことです。物価フィリップス曲線はフィリップス曲線を縦軸方向に労働生産性の変化率の分だけシフトさせたものであり，それは政策当局が直面する失業とインフレのトレード・オフ関係を明確にしています。フィリップス曲線は物価フィリップス曲線に書き換えられて，政策・理論両面で利用されるようになりました。

図8－2　フィリップス曲線と物価フィリップス曲線の関係

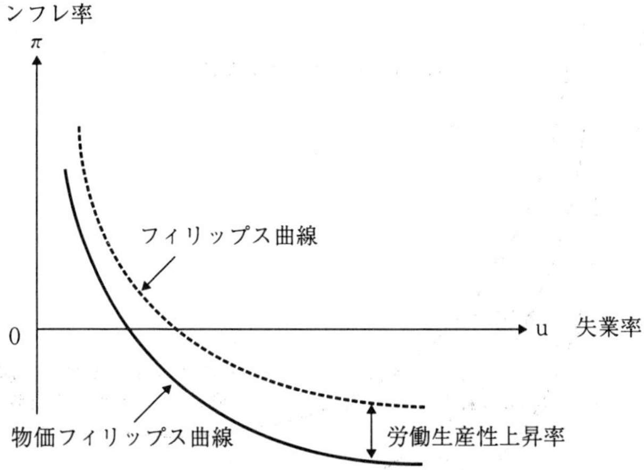

(6)　現実のデータに基づいて期待（インフレ期待）を調整できるだけの時間的余裕のない期間が「短期」，時間的余裕のある期間が「長期」とそれぞれ定義されています。インフレ期待を導入することによって，短期のフィリップス曲線と長期のフィリップス曲線の区別が行われるようになりました。

①　短期のフィリップス曲線（期待フィリップス曲線）

短期においては，期待インフレ率は所与とされ，インフレ率と失業率との関係は右下がりであると考えられました。ここでは，期待インフレ率は短期フィリップス曲線のシフト・パラメータです。

②　長期のフィリップス曲線（自然失業率仮説）

長期においては，人々は期待を現実のデータに基づいて調整します。長期においては，フィリップス曲線は自然失業率で垂直です。

図8－3　長期のフィリップス曲線と自然失業率仮説

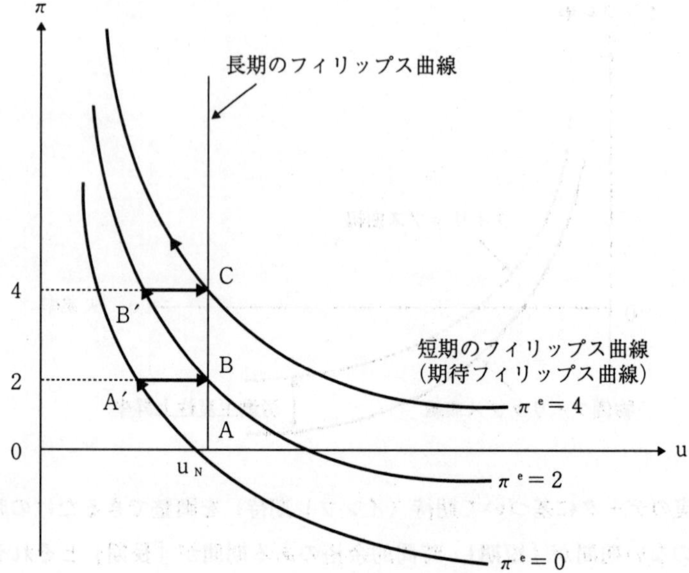

⑺　合理的期待形成下，短期のフィリップス曲線は垂直です。合理的期待形成下，拡張的金融・財政政策はインフレーションを加速させるだけで，失業率を自然失業率以下に低下させることはできません。

Chapter IX

ＩＳ－ＬＭ－ＢＰモデル

本章のポイントは次の４点です。

⑴　為替レート（外国為替相場）と外国為替相場制度を理解する。

⑵　国際収支均衡線（ＢＰ線）を理解する。

⑶　ＩＳ－ＬＭ－ＢＰモデル（マンデル＝フレミング・モデル）を理解する。

⑷　固定為替相場制・変動為替相場制下の金融・財政政策の有効性を理解する。

問題９－１　為替レート

⑴　外国為替相場制度を説明しなさい。

⑵　邦貨（円）建て為替レート（ｅ）の値の上昇，例えばｅ＝115円→125円は何を意味していますか。

≪解答＆解答の解説≫

⑴　外国為替相場（為替レート）とは各国通貨間（例えば，円とドル）の交換比率のことです。外国為替相場制度には次のものがあります。

①　固定為替相場制（ブレトン・ウッズ体制）

為替レートは通貨当局による外国為替市場への介入により平価に固定されます。

②　変動為替相場制

ｉ　クリーン・フロート

為替レートは外貨(ドル)の需給不均衡があると変動します。為替レートはドルの超過需要がゼロになるように決定されます。

ii　ダーティ・フロート（管理フロート）

為替レートの変動は通貨当局の積極的介入によりスムージング（為替レートの変動を小幅にする）されます。

図９－１　為替相場制度

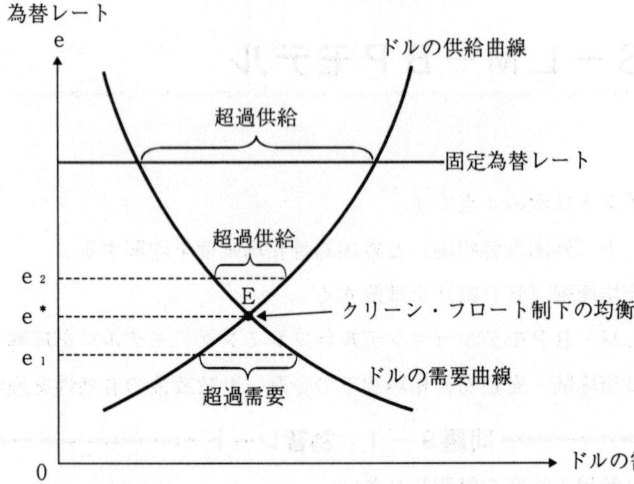

⑵　e＝115円→125円は，ドルの増価，円の減価を意味しています。これは次のように呼ばれています。

①　円の平価切下げ　（固定為替相場制）

②　ドル高・円安　（変動為替相場制）

問題９－２　国際収支均衡線（ＢＰ線）

⑴　交易条件とは何ですか。

⑵　縦軸に国内利子率（ｒ），横軸にＧＤＰ（ｙ）をとって，国際収支均衡線を図示しなさい。

⑶「国内利子率＝国際利子率」の状態であるためには，国際間の資本移動が完全である以外にどのような条件が必要ですか。

≪解答＆解答の解説≫

⑴　交易条件は輸出財１単位を輸出することにより何単位の輸入財を輸入する

ことができるかを表し，一国の経済厚生にかかわっています。

$$\text{交易条件} = \frac{\text{輸出財の価格}}{\text{輸入財の価格}}$$

であり，輸出財価格の上昇（交易条件の上昇）は交易条件の改善，輸入財価格の上昇（交易条件の下落）は交易条件の悪化をそれぞれ意味しています。

⑵　縦軸に利子率，横軸にＧＤＰをとって，国際収支均衡線（ＢＰ曲線）を図示すると，

①　国際間の資本移動が不完全であるとき，

ＢＰ曲線は右上がりです。

②　国際間の資本移動が完全であるとき，

資本移動は内外利子率の差にきわめて感応的であるので，ＢＰ曲線は水平です。というのは，小国にとっては，r_w（外国の利子率）は所与であり，$r > r_w$のときドル流入が起こり，ｒは下落し，$r = r_w$になり，$r < r_w$のときドル流出が起こり，ｒは上昇し，$r = r_w$になるからです。

図９－２　国際収支均衡線

(a)　不完全な資本移動のケース

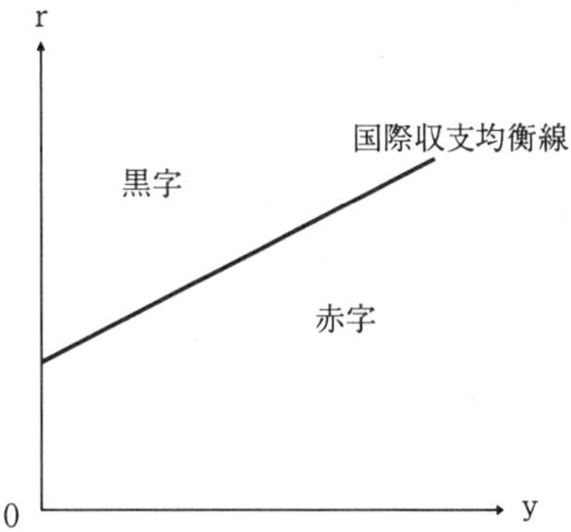

(b)　完全な資本移動のケース

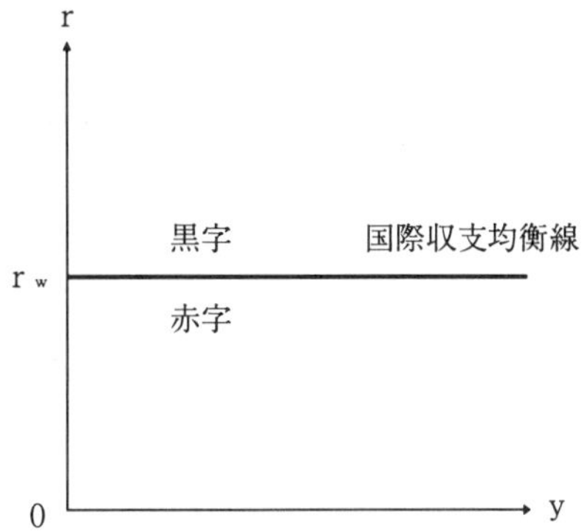

⑶①　将来の為替レートについての期待が静学的（将来の為替レートは現在の為替レートと同じ水準であると予想すること）であること。

②　自国資産と外国資産に対して想定されるリスクに差がないこと。

問題９－３　固定為替相場制下の金融・財政政策：完全な資本移動のケース

⑴　固定為替相場制下の金融政策の有効性を説明しなさい。

⑵　固定為替相場制下の財政政策の有効性を説明しなさい。

≪解答＆解答の解説≫

⑴　下図のＥ点は不完全雇用均衡であるので，政策当局は金融緩和政策（貨幣供給量の増大）をとります。Ｅ→Ｅ′になりますが，Ｅ′点では国際収支は赤字（ドルの超過需要）であるので，固定為替相場制下，為替レートを現行水準に維持するためには，当局はドルを供給（円を需要）しなければならず，不胎化政策（需要した円を債券の買いオペによって再び供給しないこと）がとられないとすると，貨幣供給量は減少します。ＬＭ曲線は左にシフトし，Ｅ′→Ｅになるので，金融政策は無効です。

図９－３　固定為替相場制下の金融政策（完全な資本移動のケース）

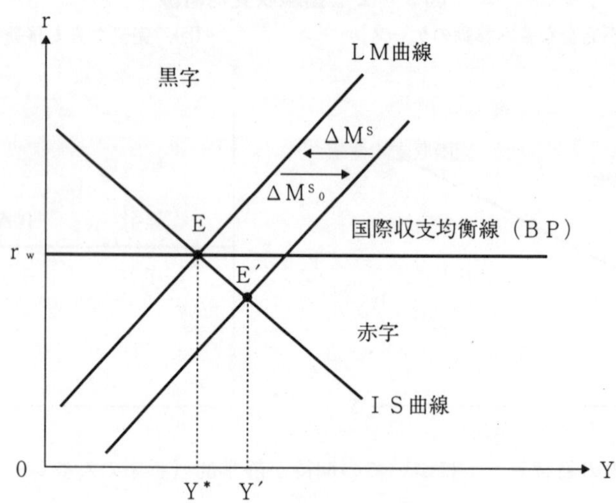

⑵　下図のＥ点は不完全雇用均衡であるので，政策当局は拡張的財政政策（政府支出の増大）をとります。Ｅ→Ｅ′になりますが，Ｅ′点では国際収支は黒

字（ドルの超過供給）であるので，固定為替相場制下，為替レートを現行水準に維持するためには，当局はドルを需要（円を供給）しなければならず，不胎化政策（供給した円を債券の売りオペによって再び需要しないこと）がとられないとすると，貨幣供給量は増大します。ＬＭ曲線は右にシフトし，E′→E″になるので，財政政策は有効であり，クラウディング・アウトはまったく生じていません。

図９－４　固定為替相場制下の財政政策（完全な資本移動のケース）

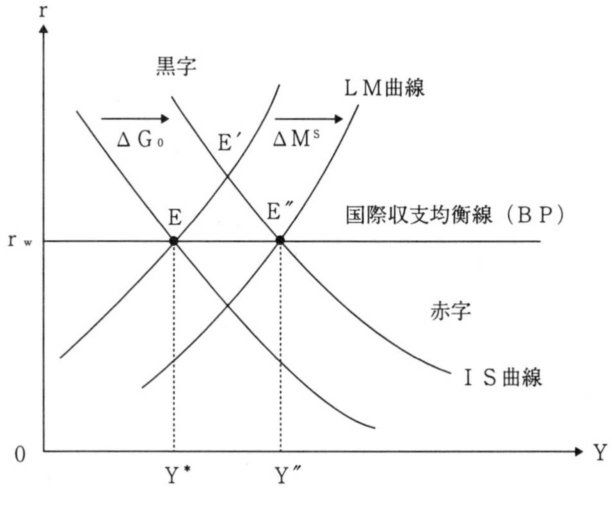

問題９－４　変動為替相場制下の金融・財政政策：
完全な資本移動のケース

⑴　変動為替相場制下の金融政策の有効性を説明しなさい。

⑵　変動為替相場制下の財政政策の有効性を説明しなさい。

≪解答＆解答の解説≫

⑴　下図のＥ点は不完全雇用均衡であるので，政策当局は金融緩和政策（貨幣供給量の増大）をとります。Ｅ→E′になりますが，E′点では$r' < r_w$であるので，ドル流出が起こり，国際収支は赤字（ドルの超過需要）になります。変動為替相場制下，為替レートは上昇（ドル高・円安）し，交易条件（輸出

品価格／輸入品価格）τは低下します。τの低下のため経常収支の黒字は増大し（輸入減少・輸出増大），ＩＳ曲線は右へシフトします。日本の利子率＜米国の利子率であるかぎり，ドル流出→国際収支赤字→ドル高・円安→輸入減少・輸出増大→ＩＳ曲線の右へのシフト，が続き，最終的には，E′→E″になります。金融政策は有効であり，このような政策は「近隣窮乏化政策」と呼ばれています。

図９－５　変動為替相場制下の金融政策（完全な資本移動のケース）

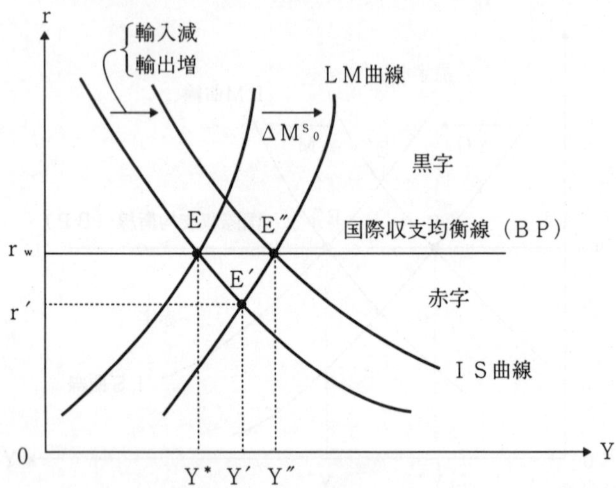

⑵　下図のＥ点は不完全雇用均衡であるので，政策当局は拡張的財政政策（政府支出の増大）をとります。Ｅ→E′になりますが，E′点では$r' > r_w$であるので，ドル流入が起こり，国際収支は黒字（ドルの超過供給）になります。変動為替相場制下，為替レートは下落（ドル安・円高）し，交易条件（輸出品価格／輸入品価格）τは上昇します。τの上昇のため経常収支黒字は減少し（輸入増大・輸出減少），ＩＳ曲線は左へシフトします。日本の利子率＞米国の利子率であるかぎり，ドル流入→国際収支黒字→ドル安・円高→輸入増大・輸出減少→ＩＳ曲線の左へのシフト，が続き，最終的には，E′→Ｅになります。財政政策は無効です。

図９－６　変動為替相場制下の財政政策（完全な資本移動のケース）

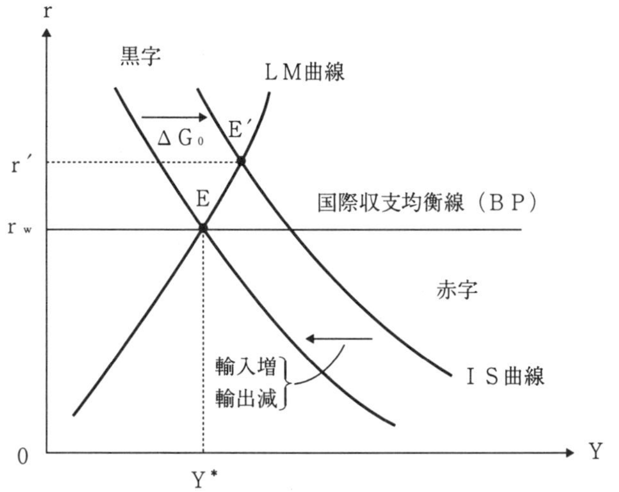

Chapter X

為替レート

為替レートの決定メカニズムを理解しましょう。購買力平価説（ＰＰＰ理論）と金利平価説を理解しましょう。

問題10－１　為替レート決定理論

⑴　購買力平価説（ＰＰＰ理論）を説明しなさい。

⑵　金利平価式を説明しなさい。

≪解答＆解答の解説≫

⑴　購買力平価説は為替レートに関する長期的な法則です。

①　為替レート（ｅ）の水準（絶対的購買力平価説）

$$e = \frac{P}{P_w} \quad \text{（２国物価水準の比率）}$$

②　為替レートの変化率（相対的購買力平価説）

$$\frac{\Delta e}{e} = \frac{\Delta P}{P} - \frac{\Delta P_w}{P_w}$$

為替レートの変化率＝日本の物価の変化率－米国の物価の変化率

⑵　金利平価式には次の２つのものがあります。

①　アンカバーの金利平価式

$$r = r_w + \frac{e^* - e}{e}$$

自国債券の利子率＝外国債券の利子率＋為替レートの予想変化率

②　カバー付きの金利平価式

$$r = r_w + \frac{f - e}{e}$$

自国債券の利子率＝外国債券の利子率＋「直先スプレッド」

問題10－2　為替レートの決定

次の短文を読み，正しいと思われる場合にはT，誤りと思われる場合にはFの記号で答えなさい。

⑴　購買力平価説によれば，自国のインフレは自国通貨を減価させる。

⑵　金利平価説によれば，自国金利の上昇は自国通貨を減価させる。

⑶　ポートフォリオ・バランス・アプローチによれば，対外純資産の増加によるリスク・プレミアムの増大は，自国通貨を減価させる。

⑷　人々がリスクに中立的であり，予想形成において，来期も今期の為替レートが成立すると考えるときでも，自国と外国との間の名目金利差は存在する。

≪解答＆解答の解説≫

⑴　T

⑵　F

自国金利の上昇は，自国通貨建て資産での運用が有利になることを意味するため，外国為替市場で自国通貨が買われることになるので，自国通貨は増価（円高・ドル安）します。

⑶　F

対外純資産の増加によりリスク・プレミアムが増大すると，外国為替市場で自国通貨が買われることになるので，自国通貨は増価（円高・ドル安）します。

⑷　F

$r - r_w = \frac{e^* - e}{e}$（アンカバーの金利平価式）において，静学的予想（$e^* = e$）を仮定すると，$r - r_w = 0$です。つまり，自国と外国との間の名目金利差は存在しなくなります。

問題10－3　金利裁定

現在の円・ドルの直物レートを１ドル＝130円，１年物ユーロ円金利を１％，１年物ユーロドル金利を６％とする。金利裁定式が成立するならば，１年後受渡しの現在の先物レートは何円／ドルになりますか。

（「証券アナリスト第１次試験」平成10年度より作成）

《解答＆解答の解説》

$$r - r_w = \frac{f - e}{e}$$（カバーつきの金利平価式）

つまり，

$$f = er + e - er_w = e(r + 1 - r_w)$$

に，$r = 0.01$，$r_w = 0.06$，$e = 130$を代入すると，$f = 123.50$円／ドル **答え** を得ることができます。

問題10－4　購買力平価説

現在の円・ドルの直物レートを１ドル＝130円とする。今後１年間に日本で１％のインフレが発生し，米国で３％のインフレが発生するならば，１年後の購買力平価は何円／ドルになりますか。

（「証券アナリスト第１次試験」平成10年度より作成）

≪解答＆解答の解説≫

相対的購買力平価説によれば，

$$\frac{e_0}{e_1 - e_0} = \pi - \pi_w$$

です。ここで，e_1＝１年後の為替レート，e_0＝現在の為替レート，π＝日本のインフレ率，π_w＝米国のインフレ率です。上の式に，$e_0 = 130$，$\pi = 0.01$，$\pi_w = 0.03$を代入すると，$e_1 = 127$円／ドル **答え** を得ることができます（ドル安・円高）。

問題10－5　Ｊカーブ効果

⑴　マーシャル＝ラーナー条件を説明しなさい。

⑵　Ｊカーブ効果を説明しなさい。

≪解答＆解答の解説≫

⑴　ε_X＝輸出の弾力性，ε_M＝輸入の弾力性とします。

$(\varepsilon_X + \varepsilon_M) > 1$は「マーシャル＝ラーナー条件」と呼ばれています。

⑵　短期的には，マーシャル＝ラーナー条件が満たされないことがあります。このときは，ドル安・円高が進行しているにもかかわらず，経常収支が改善したり，ドル高・円安が進行しているにもかかわらず，経常収支が悪化したりすることがあります。これは「Ｊカーブ効果」と呼ばれています。

図10－１　Ｊカーブ効果

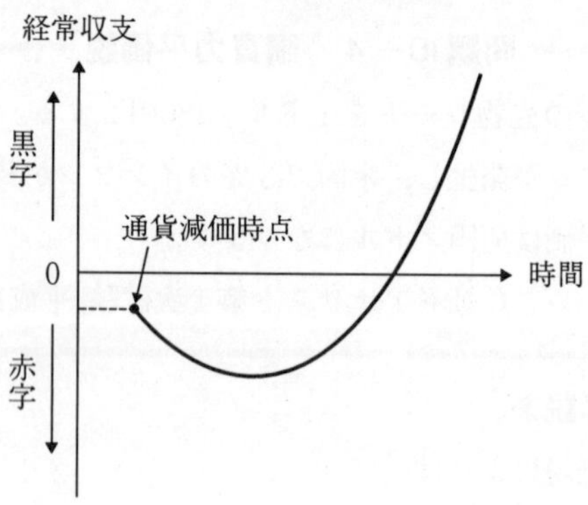

Chapter XI

景気循環

生の時系列経済変量は，経済成長（トレンドあるいは傾向的変動），季節変動，不規則変動，景気循環（純粋の周期運動：トレンドからの乖離）の４つの構成要素からなっています。景気循環の理論は，長期のトレンドをめぐる循環運動を取り扱う理論であり，資源の利用度（失業率と稼働率：実際のスピード）の変動にかかわる理論です。

表11－1　戦後の景気循環

景気循環				拡張期	後退期	全循環
循環	谷	山	谷	期間(月)	期間(月)	期間(月)
1	－	1951年6月	1951年10月	－	4	－
2	1951年10月	1954年1月	1954年11月	27	10	37
3	1954年11月	1957年6月	1958年6月	31	12	43
4	1958年6月	1961年12月	1962年10月	42	10	52
5	1962年10月	1964年10月	1965年10月	24	12	36
6	1965年10月	1970年7月	1971年12月	57	17	74
7	1971年12月	1973年11月	1975年3月	23	16	39
8	1975年3月	1977年1月	1977年10月	22	9	31
9	1977年10月	1980年2月	1983年2月	28	36	64
10	1983年2月	1985年6月	1986年11月	28	17	45
11	1986年11月	1991年2月	1993年10月	51	32	83
12	1993年10月	1997年5月	1999年1月	43	20	63
13	1999年1月	2000年11月	2002年1月	22	14	36
14	2002年1月	－	－	－	－	－
平均（第2循環～第13循環）				33	17	50

（注）　第6循環の拡張期：いざなぎ景気，後退期：ニクソンショック
第7循環の拡張期：列島改造ブーム，後退期：第1次石油危機
第9循環の拡張期：第2次石油危機
第10循環の拡張期：プラザ合意・円高不況
第11循環の拡張期：バブル景気，後退期：バブル崩壊
第12循環の拡張期：金融システム不安
第13循環の拡張期：ＩＴバブル景気，後退期：ＩＴバブル崩壊

資料：内閣府『経済財政白書（平成18年版）』p.302

問題11－1 景気循環の図

次の図は景気循環の概念図である。図の①～④にあてはまる適切な用語を埋めなさい。

図11－1 景気循環の概念図

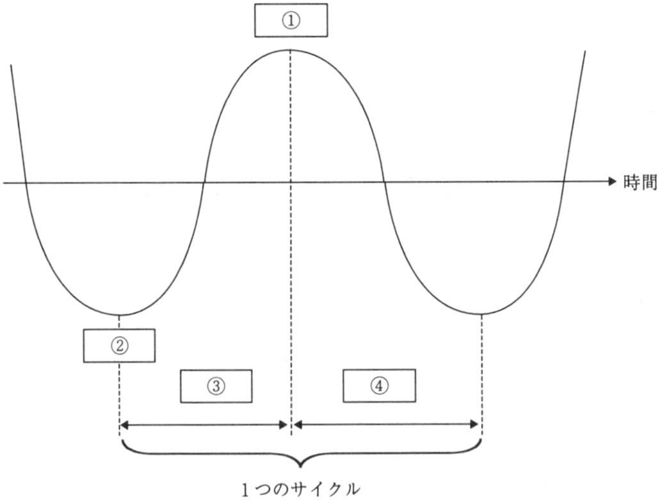

≪解答＆解答の解説≫

① 景気の山 ② 景気の谷 ③ 景気の拡張期 ④ 景気の後退期

問題11－2 景気循環の種類

景気循環は，その周期により4つに分類される。次の表の①～⑥にあてはまる適切な用語を埋めなさい。

表11－2 景気循環の種類

名称	周期	原因
①	2～4年	④
②	10年前後	⑤
クズネッツ	20年前後	⑥
③	50～60年	技術革新

≪解答＆解答の解説≫

① キッチン循環，② ジュグラー循環，③ コンドラチェフ循環，④ 在庫投資，⑤ 設備投資，⑥ 建設投資

表11－3 景気循環の種類

名　称	周　期	原　因
キッチン	2～4年	在庫投資
ジュグラー	10年前後	設備投資
クズネッツ	20年前後	建設投資
コンドラチェフ	50～60年	技術革新

問題11－3 景気動向指数

景気動向をあらわす指標に関する記述のうち，景気の谷の状態にある経済は，次のうちどれか。

① 景気動向指数（ＤＩ）のうち一致指数の値は50であり，業況判断指数の値は100である。

② 景気動向指数（ＤＩ）のうち一致指数の値は０であり，業況判断指数の値は０である。

③ 景気動向指数（ＤＩ）のうち一致指数の値は50であり，業況判断指数の値は－100である。

④ 景気動向指数（ＤＩ）のうち一致指数の値は100であり，業況判断指数の値は０である。

≪解答＆解答の解説≫

答え は③です。「景気が良い」「景気が悪い」を判断するには，次の３つの眼が必要です。

⑴ 水面上・水面下：「ＧＤＰギャップ」あるいは「需給ギャップ」

景気を見るための第１の眼は「水面上・水面下」です。

水面下：潜在ＧＤＰ(供給)＞実際のＧＤＰ(需要)のときは，不況です。

水面上：潜在ＧＤＰ(供給)＜実際のＧＤＰ(需要)のときは，好況です。

ここで，ケーキ屋さんを日本株式会社として取り上げましょう。「潜在ＧＤＰ（供給）」はケーキ屋さんが１日当たり何個のケーキを作ることができるのか，実際のＧＤＰ（需要）はケーキ屋さんが１日当たり何個のケーキの買い注文を受けて，実際に何個のケーキを作ったのかをそれぞれ示しています。

⑵　上向き・下向き：「景気動向指数」

景気を見るための第２の眼は「上向き・下向き」です。

上向き：景気動向指数が50％を上回るときは，景気の拡張です。

下向き：景気動向指数が50％を下回るときは，景気の後退です。

景気の上向き・下向きの繰り返しは「景気循環」と呼ばれ，景気が上昇局面にあるのか，下降局面にあるのかは「景気動向指数」により判断されています。内閣府は景気動向指数を用いて景気の山・谷，拡張期・後退期を判定しています。

⑶　強い・弱い：「日銀短期経済観測（日銀短観）」

景気を見るための第３の眼は「強い・弱い」です。

強い：業況判断指数がプラスであるときは，景気は強いです。

弱い：業況判断指数がプラスであるときは，景気は弱いです。

日本銀行は，企業経営者に対して，業況が「良い」「さほど良くない」「悪い」の３つの選択肢で回答してもらうアンケート調査を行っています。「『良い』と答えた企業の割合－『悪い』と答えた企業の割合」を求めたものが，「業況判断指数」と呼ばれているものです。業況判断指数のプラス値が大きければ大きいほど，景気の上向きの程度は強い，逆に業況判断指数のマイナス値が大きければ大きいほど，景気の下向きの程度は強い，ということができます。

景気が上昇局面にあれば拡張期，下降局面にあれば後退期ですが，拡張期であっても景気が水面下であれば不況ですし，後退期であっても景気が水面上であれば好況です。ですから，景気に関するニュースを正しく理解するためには，それが「上向き・下向き」についてか，「水面上・水面下」についてかのいずれであるのかに注意する必要があります。上向きであるので景気が良い，しかし水面下であるので景気が悪いというように答えなくてはいけません。また，「業況判断指数」の山・谷は，「景気動向指数」の山・谷におおむね一致しているといわれています。

図11－2　景気を見るための３つの眼

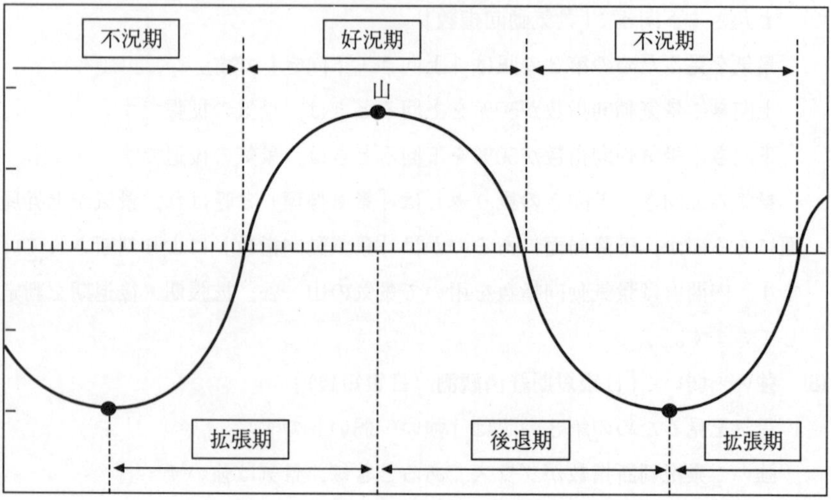

Chapter XII

新古典派成長理論

本章のポイントは次の5点です。

① 成長会計を学び，ソロー残差（全要素生産性成長率）を理解する。

② ソローの新古典派成長理論を理解する。

③「生産要素市場の価格メカニズムの完全性→資本·労働間の要素代替の可能性→資本係数（$v=\frac{K}{Y^S}$）の可変性→経済成長経路（資本の完全利用と労働の完全雇用の経路）の安定性」を理解する。

④ ソロー方程式の導出を理解し，図示する。

⑤ 定常状態の安定性と性質を理解する。

問題12－1　成長会計

(1) 成長会計を説明しなさい。

(2) ソロー残差を説明しなさい。

(3) コブ・ダグラス型生産関数　$Y=AL^{\alpha}K^{1-\alpha}$（$0<\alpha<1$）において，$\alpha$は労働分配率，（$1-\alpha$）は資本分配率です。経済成長率が5％，資本成長率が6％，労働成長率が2％，資本分配率が50%のとき，全要素生産性（TFP）成長率はいくらですか。

≪解答＆解答の解説≫

(1) マクロ生産関数　Y＝A・F（L，K）を考えると，成長会計として，

$$
\begin{array}{ll}
 & 技術進歩率\dfrac{\Delta A}{A} \\
+) & 労働分配率\dfrac{wL}{PY}\times 労働成長率\dfrac{\Delta L}{L} \\
+) & 資本分配率\dfrac{rK}{PY}\times 資本成長率\dfrac{\Delta K}{K} \\
\hline
 & 経済成長率\dfrac{\Delta Y}{Y}
\end{array}
$$

を得ることができます。

⑵　ソロー残差＝経済成長率－(労働分配率×労働成長率

＋資本分配率×資本成長率)　**答え**

です。ソロー残差は全要素生産性（ＴＦＰ）成長率と呼ばれることがあります。

⑶　コブ･ダグラス型生産関数は１次同次の生産関数であるので，

労働分配率＋資本分配率＝１

です。

全要素生産性成長率＝0.05－(0.5×0.02＋0.5×0.06)

＝0.01（＝１％）　**答え**

問題12－２　経済成長率

次の文章の空欄に適切な用語を埋めなさい。

生産関数とは投入量と産出量（Y）の関係を示したものである。生産要素は労働Ｌ，資本Ｋの２つからなるとすると，生産関数は，

Ｙ＝Ｆ(Ｌ，Ｋ)

と表現される。通常，生産関数の性質には，投入量を増加させると産出量が（　①　）する，（　②　）が逓減する，規模に関して収穫（　③　）という３つの仮定がおかれる。（　②　）が逓減するとは，労働か資本の一方のみを単独で増加させていくと産出量もそれにつれて（　④　）するが，その増分は投入の増加とともに次第に（　⑤　）していくということであり，（　②　）は下図の生産関数の接線の傾きで表される。また，規模に関して収穫（　③　）とは，労働と資本を同時に２倍にすると産出量

は（　⑥　）倍になるという性質である。

　このような性質を満たす生産関数に（　⑦　）型生産関数があり，次のように表される。

$$Y=AL^{\alpha}K^{1-\alpha} \quad (0<\alpha<1)$$

　ここで，Aは技術水準を表すパラメータであり（　⑧　）と呼ばれる。また，α，（1－α）はそれぞれ労働，資本の生産における寄与度を示し，αは（　⑨　），1－αは（　⑩　）になる。（　⑦　）型生産関数は変化率をとると，

$$\frac{\Delta Y}{Y}=(\quad ⑪ \quad)$$

　経済成長率＝（　⑧　）成長率＋（　⑨　）×労働成長率＋（　⑩　）×資本成長率

と表される。すなわち，経済成長は，αが一定ならば，技術進歩，労働力の増加，資本ストックの蓄積によって生じることが分かる。

図12－1　生産関数

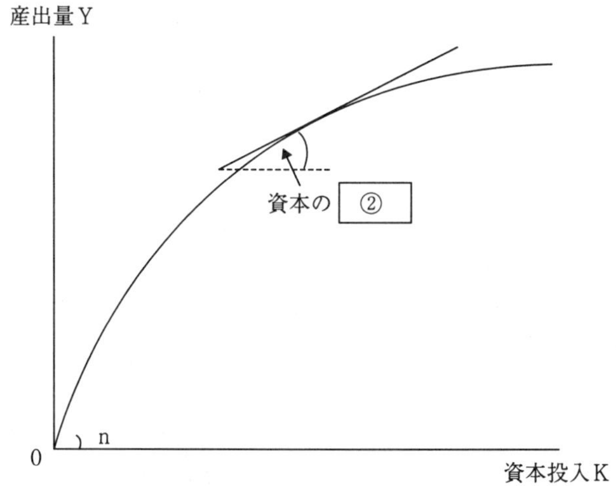

≪解答＆解答の解説≫

①　増加　②　限界生産力　③　一定　④　増加　⑤　減少　⑥　2

⑦　コブ＝ダグラス　⑧　全要素生産性　⑨　労働分配率　⑩　資本分配率

⑪　$\dfrac{\Delta A}{A}+\alpha\dfrac{\Delta L}{L}+(1-\alpha)\dfrac{\Delta K}{K}$

問題12－３　新古典派成長理論

次のソローの新古典派成長モデルを考えます。

$Y=F(K,L)=\sqrt{KL}$　　（マクロ生産関数）

$S=sY=0.2Y$　　（貯蓄関数）

$n=0.01$　　（労働人口成長率）

ここで，Ｙ＝ＧＤＰ，Ｋ＝資本投入量，Ｌ＝労働投入量，Ｓ＝貯蓄です。以下の問いに答えなさい。

(1)　資本・労働比率（$k\equiv\dfrac{K}{L}$）と１人当たりＧＤＰ（$y\equiv\dfrac{Y}{L}$）の関係を説明しなさい。

(2)　ソロー方程式を求め，図示しなさい。

(3)　定常状態における資本・労働比率（k^*），１人当たりＧＤＰ（y^*）を求めなさい。

(4)　問３において，経済成長率（$\dfrac{dY}{Y}$）はいくらですか。

(5)　定常状態における１人当たりの消費量を求めなさい。

(6)　新古典派成長理論とハロッド＝ドーマーのケインズ派成長理論とのちがいを説明しなさい。

≪解答＆解答の解説≫

新古典派成長理論はケインジアンのハロッド＝ドーマー型成長理論と対照させながら学習しましょう。ソロー・モデルでは，生産要素価格の変化を通じて，資本の完全利用・労働の完全雇用が達成されています。

(1)　$y\equiv\dfrac{Y}{L}=\dfrac{(KL)^{\frac{1}{2}}}{L}=\left(\dfrac{K}{L}\right)^{\frac{1}{2}}=k^{\frac{1}{2}}$　**答え**

これは労働者１人当たりの生産関数です。$k\left(=\dfrac{K}{L}\right)$は「資本装備率」と呼ばれることがあり，$\dfrac{K}{L}$の上昇は「資本の深化」と呼ばれています。

⑵　ソロー方程式は，$dk = sf(k) - nk$であるので，

$dk = 0.2f(k) - 0.01k = 0.2f(k) - 0.01k$

$= 0.2k^{\frac{1}{2}} - 0.01k$　**答え**

です。

図12－2　ソロー方程式の図示

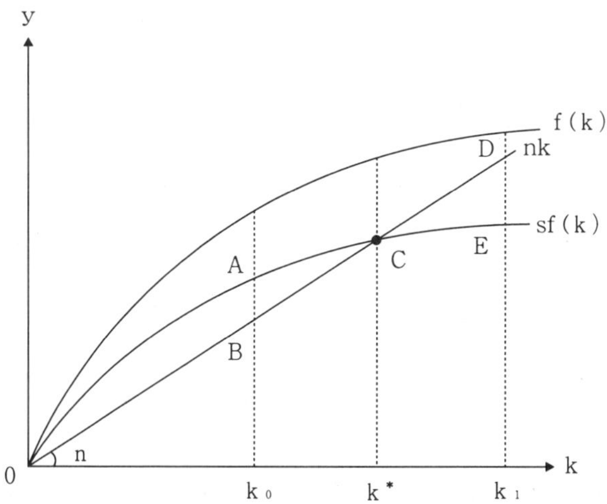

⑶　定常状態においては，資本の完全利用・労働の完全雇用が行われています。

定常状態では，$dk = 0.2k^{\frac{1}{2}} - 0.01k = 0$であるので，

$k^* = 400$

したがって，

$y^* = k^{*\frac{1}{2}} = 20$

です。

⑷　定常状態では，均斉成長であるので，

$\frac{dY}{Y} = \frac{dK}{K} = \frac{dL}{L} = 0.01$　**答え**

です。

⑸　1人当たりの消費量は，$f(k) - sf(k) = (1-s)f(k)$であるので，

定常状態における1人当たりの消費量（c^*）は，

$c^* = (1-s)f(k^*) = (1-0.2)k^{*\frac{1}{2}}$

$=(1-0.2)\times 20=16$ **答え**

です。

図12－3　黄金律の消費

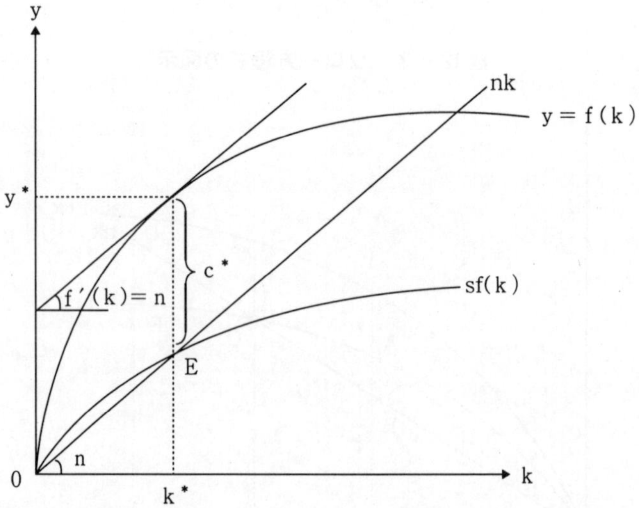

(6)　ソローの新古典派成長理論においては，生産要素市場の価格メカニズムは完全であり，資本・労働間の要素代替の可能性があります。ハロッド＝ドーマーのケインズ派成長理論において「偶然の一致」としてしか起こり得なかった「現実の成長率＝保証成長率＝自然成長率」が，ソローの新古典派成長理論においては，k（ハロッド＝ドーマーのv）の内生性（kがモデルによって決定されること）により，価格メカニズムによって実現されます。

Chapter XIII

ハロッド＝ドーマーの成長理論

本章のポイントは次の4点です。

① ハロッド＝ドーマーのケインズ派成長理論（ナイフ・エッジ定理）を理解する。

② 「価格メカニズムの不完全性→資本・労働間の要素代替がない→資本係数（$v=\frac{K}{Y^S}$）の固定性→経済成長の不安定性」を理解する。

③ 投資の二重性（有効需要創出効果と生産能力創出効果）を理解する。

④ 3つの成長率（現実の成長率，保証成長率，自然成長率）を理解する。

問題13－1　ハロッド＝ドーマーの経済成長理論

次の文章の空欄に適切な用語を埋めなさい。

成長を引き起こす基本的な要因は投資である。投資は（　①　）と（　②　）という2つの効果を持つ。投資の（　①　）と（　②　）が等しくなる，いい換えれば投資に基づく資本設備が完全稼働する成長率のことを（　③　）という。一方，労働力の完全雇用を維持する成長率を（　④　）と呼ぶ。（　③　）と（　④　）が等しければ，資本ストックと労働のいずれもが完全に雇用される。

ハロッド＝ドーマーは，（　③　）と（　④　）が常に一致する必然性はなく，資本主義経済は不安定なものであるという，「（　⑤　）の定理」を主張した。これに対し，新古典派成長理論では，（　⑥　）と労働の代替が弾力的に行われると考えている。このため，（　⑦　）により，豊富な生産要素は安く，稀少な生産要素は高くなり，長期的には資本労働比率が調整され，（　③　）と（　④　）は一致する。

≪解答＆解答の解説≫

①　有効需要創出効果　②　生産力増強効果　③　保証成長率　④　自然成長率　⑤　ナイフ・エッジ（または，不安定性）　⑥　資本　⑦　価格メカニズム

問題13－2　ハロッド＝ドーマーの経済成長理論

Y^{D}_{t}＝第t期の有効需要

$\Delta Y^{D}_{t+1}=Y^{D}_{t+1}-Y^{D}_{t}$＝第t＋1期における有効需要の増加分

Y^{S}_{t}＝第t期の生産能力

$\Delta Y^{S}_{t+1}=Y^{S}_{t+1}-Y^{S}_{t}$＝第t＋1期における生産能力の増加分

$I_{t}=K_{t+1}-K_{t}$＝第t期の投資フロー

K_{t}＝第t期の期首における資本ストック

$\Delta I_{t+1}=I_{t+1}-I_{t}$＝第t＋1期における投資の増加分

として，以下の問いに答えなさい。

⑴　ハロッド＝ドーマーの経済成長理論における「投資の二重性」とは投資のどのような役割を述べたものですか。

⑵　平均貯蓄性向（s）が一定であるとき，投資額がΔIだけ増加した場合の，有効需要の増加額ΔY^{D}を求めなさい。

⑶　資本係数（v）が一定であるとき，投資額がIの場合の，生産能力の増加額ΔY^{S}を求めなさい。

⑷　「保証成長率」とはどのような成長率ですか。s＝0.4，v＝5のときの保証成長率を求めなさい。

⑸　ハロッド＝ドーマーの経済成長理論において，現実の成長率が保証成長率から乖離した場合，どのような現象が生じますか。

≪解答＆解答の解説≫

(1)　「投資の二重性」とは投資のもつ以下の２つの役割のことをいいます。

①　有効需要創出効果

「有効需要の変化＝乗数×投資の変化」は有効需要創出効果と呼ばれています。つまり，投資の変化は乗数効果を通じて有効需要を変化させます。

②　生産能力創出効果

「生産能力の変化＝$\frac{1}{固定資本係数}$×投資」は生産能力創出効果と呼ばれています。つまり，第ｔ期に行われた投資I_tは第ｔ＋１期首のK_{t+1}（＝K_t+I_t）を通じて，第ｔ＋１期の生産能力フローY^S_{t+1}を増大させます。

(2)　ＩＳモデルは次のとおりです。

$Y=C+I$　（生産物市場の需給均衡式）

$C=(1-s)Y$　（消費関数：ｓ＝平均貯蓄性向）

$I=I_0$　（投資支出）

ＩＳモデルより，

$Y=(1-s)Y+I_0$　（生産物市場の需給均衡式）

であり，

$Y^D=\frac{1}{s}I_0$　（有効需要＝乗数×投資：乗数＝$\frac{1}{平均貯蓄性向}$）

が得られます。時間を明示化すると，

$Y^D_t=\frac{1}{s}I_{t,0}$　（第ｔ期の有効需要）

$Y^D_{t+1}=\frac{1}{s}I_{t+1,0}$　（第ｔ＋１期の有効需要）

です。有効需要の変化を求めると，

$$\Delta Y^D_{t+1}=Y^D_{t+1}-Y^D_t=\frac{1}{s}(I_{t+1,0}-I_{t,0})$$

$$=\frac{1}{s}\Delta I_{t+1,0}$$

（**答え**：有効需要の変化＝乗数×投資の変化）

です。

(3)　第ｔ期の生産能力フローY^S_tは第ｔ期首の資本ストックK_tに依存しています。第ｔ期に行われた投資I_tは第ｔ＋１期首のK_{t+1}（＝K_t+I_t）を通じて，第ｔ＋１期の生産能力フローY^S_{t+1}を増大させます。

$$Y^S_t = \frac{1}{v} K_t \quad （第 t 期の生産能力）$$

$$Y^S_{t+1} = \frac{1}{v} K_{t+1} \quad （第 t + 1 期の生産能力）$$

であり，生産能力の変化を求めると，

$$\Delta Y^S_{t+1} = Y^S_{t+1} - Y^S_t = \frac{1}{v}(K_{t+1} - K_t) = \frac{1}{v} \Delta K_{t+1}$$

$$= \frac{1}{v} I_t \quad （\textbf{答え}：生産能力の変化 = \frac{1}{固定資本係数} \times 投資）$$

です。

(4) 第 t 期において K_t は完全利用されているものとします。すなわち，K_t の完全利用（正常稼働）から生じる総供給量 Y^S_t $[=\frac{1}{v}K_t]$ に等しい総需要量 Y^D_t があるものとします。第 t + 1 期において，実際どれだけの投資 I_{t+1} が行われれば，K_{t+1} $[=K_t + I_{t+1}]$ が完全利用されるのか，すなわち，K_{t+1} の完全利用から生じる総供給量 Y^S_{t+1} $[=\frac{1}{v}K_{t+1}]$ に等しい総需要量 Y^D_{t+1} が生じるのでしょうか。

$$\Delta Y^S_{t+1} = \Delta Y^D_{t+1} \quad （生産物市場の需給均衡条件式）$$

$$\Delta Y^S_{t+1} = Y^S_{t+1} - Y^S_t = \frac{1}{v} I_t \quad （総供給量の変化）$$

$$\Delta Y^D_{t+1} = Y^D_{t+1} - Y^D_t = \frac{1}{s} \Delta I_{t+1} \quad （総需要量の変化）$$

より，

$$\frac{1}{v} I_t = \frac{1}{s} \Delta I_{t+1}$$

つまり，

$$\frac{\Delta I_{t+1}}{I_t} = \frac{s}{v}$$

を得ることができます。投資の成長率 $\frac{\Delta I_{t+1}}{I_t}$ が $\frac{s}{v}$ であるならば，K_{t+1} $[=K_t + I_{t+1}]$ は完全利用（正常稼働）されています。$\frac{s}{v}$ は資本の完全利用（正常稼働）を保証する成長率という意味で，「保証成長率」あるいは「適正成長率」と呼ばれています。

つまり，保証成長率（G_W）とは資本ストックの完全利用を保証する成長率のことです。s =0.4，v = 5のときの保証成長率は，

$$G_W = \frac{s}{v} = \frac{0.4}{5} = 0.08 \ (8\%)$$ **答え**

です。

(5)　G＝現実の成長率，G_w＝保証成長率とします。

①　$G > G_w$のケース：$G_{t+1} > G_w$

$$G_{t+1} = \frac{\Delta Y_{t+1}}{Y_t} = \frac{\Delta Y^D_{t+1}}{Y^D_t} = \frac{\Delta Y^D_{t+1} - Y^D_t}{Y^D_t}$$

$$= \frac{\frac{1}{s}\Delta I_{t+1}}{\frac{1}{s} I_t}$$

$$= \frac{\Delta I_{t+1}}{I_t}$$ （有効需要原理下の現実のＧＤＰの成長率）

$$G_w = \frac{s}{v}$$ （保証成長率）

であり，

$$G_{t+1} > G_w \Leftrightarrow \frac{\Delta I_{t+1}}{I_t} > \frac{s}{v} \Leftrightarrow \frac{\Delta I_{t+1}}{s} > \frac{I_t}{v}$$

$$\Leftrightarrow \Delta Y^D_{t+1} > \Delta Y^S_{t+1}$$

です。⇔は同値の記号です。すなわち，企業は第ｔ＋１期において資本を正常稼働率以上に稼働させていました（$G_{t+1} > G_w$）。そこで，企業は資本不足に対応するために，第ｔ＋２期においてI_{t+2}（$= I_{t+1} + \Delta I_{t+2}$）の投資を行い，投資の成長率を一層高くしようとします（$\frac{\Delta I_{t+2}}{I_{t+1}} > \frac{\Delta I_{t+1}}{I_t}$）。

$$G_{t+2} = \frac{\Delta Y_{t+2}}{Y_{t+1}}$$

$$= \frac{\Delta Y^D_{t+2}}{Y_{t+1}} = \frac{\Delta I_{t+2}}{I_{t+1}} > \frac{\Delta I_{t+1}}{I_t} = G_{t+1} > G_w$$

であり，$G_{t+2} > G_{t+1} > G_w$であるので，第ｔ＋２期の現実成長率は，第ｔ＋１期の現実成長率以上に保証成長率を上回っています。現実の成長率は累積的に上昇しています。現実成長率Ｇがいったん保証成長率G_wから乖離すれば，その乖離は累積的に拡大していきます。

②　$G < G_w$のケース

逆のケースであるので省略します。

経済の保証成長率での成長経路，すなわち「保証成長経路」は不安定です。これは「ナイフ・エッジ定理（不安定性原理）」と呼ばれています。

問題13－3　保証成長率と自然成長率

⑴　消費性向が0.8，資本係数が2.5のときの保証成長率はいくらですか。

⑵　ハロッド＝ドーマーの経済成長理論において，資本係数が２，限界消費性向が0.8，労働力人口増加率が４％で，成長が均衡状態にあるとき，技術進歩率はいくらですか。

≪解答＆解答の解説≫

ハロッド＝ドーマー・モデルはケインズ派成長理論です。そこでは，現実の成長率，保証成長率，自然成長率の３つの成長率の関係が重要です。「保証成長率」あるいは「適正成長率」は資本の完全利用（正常稼働）を保証する成長率です。自然成長率は労働の完全雇用を持続するために必要な成長率です。

⑴　s＝１－0.8＝0.2，v＝2.5のときの保証成長率は，

$$G_w=\frac{s}{v}=\frac{0.2}{2.5}=0.08\ (8\%)$$ **答え**

です。

⑵　成長が均衡状態にあるとき，「保証成長率＝自然成長率」です。

$$\text{保証成長率}=\frac{s}{v}=\frac{1-0.8}{2}=0.1\ (=10\%)$$

自然成長率＝労働力人口増加率＋技術進歩率

であるので，

技術進歩率＝保証成長率－労働力人口増加率＝10－４＝６％ **答え**

です。

Chapter XIV

マクロ経済学の学説史

1 古典派経済学のモデル

古典派経済学においては，実物諸変数（$\frac{W}{P}$，N，yなど）は実物部門で，貨幣変数（Pなど）は貨幣部門でそれぞれ決定されます。これは「古典派の二分法」と呼ばれています。

$y = f(N, K_0)$　（短期の生産関数）

$N^D = N^D(\frac{W}{P})$　（労働需要関数：古典派の第一公準）

$N^S = N^S(\frac{W}{P})$　（労働供給関数：古典派の第二公準）

$N^D = N^S (= N)$　（労働市場の需給均衡式）

より，

$(\frac{W}{P})^*$＝均衡実質賃金率，N^*＝完全雇用量（非自発的失業は存在しません），y^*＝完全雇用産出高の３変数が決定されます。

【知っておきましょう】　古典派の二分法

① 労働市場と生産関数から，$(\frac{W}{P})^*$＝均衡実質賃金率，N^*＝完全雇用量，y^*＝完全雇用実質ＧＤＰが決定されます。それを受けて，生産物市場から，ρ^*＝均衡実質利子率が決定されます。

② 実物部門で決定されたy^*（完全雇用実質ＧＤＰ）を所与として，貨幣市場からP^*（均衡一般物価水準）が決定されます。

2 貨幣数量説

$M^S = M^D$　　（貨幣市場の需給均衡式）

$M^S = M^S{}_0$　　（一定の貨幣供給量）

$\frac{M^D}{P} = L(y^*)$

を1本にまとめると，

$M^S{}_0 = kPy^*$

より，一般物価の均衡水準P*が決定されます。

【知っておきましょう】　フィッシャー数量方程式とケンブリッジ数量方程式

①　フィッシャー数量方程式（交換方程式）

M＝貨幣供給量，V＝貨幣の取引流通速度，P＝一般物価水準，T＝取引量とすると，フィッシャー数量方程式（交換方程式）は，

$MV = PT$

です。

②　ケンブリッジ数量方程式

M＝貨幣供給量，k＝マーシャルのk，P＝一般物価水準，y_f＝完全雇用実質GDPとすると，ケンブリッジ数量方程式は，

$M = kPy_f$

です。

【知っておきましょう】　マネタリスト反革命

マネタリスト反革命は貨幣数量説の復活です。それは貨幣数量説に対するケインズ革命に対する反革命です。

3 ケインズ派経済学のモデル

$y = f(N, K_0)$　　（短期の生産関数）

$N^D = N^D\left(\frac{w}{P_0}\right)$　（労働需要関数：古典派の第一公準）

$w = w_0$　（労働供給：一定の貨幣賃金率）

$I(\rho) = S(y)$　（生産物市場の需給均衡式）

$M^S = M^D$　（貨幣市場の需給均衡式）

$M^S = M^S{}_0$　（一定の貨幣供給量）

$\frac{M^D}{P_0} = L(y, r)$　（実質貨幣需要関数）

$r = \rho + \pi^e$　（名目利子率＝実質利子率＋期待インフレ率）

ケインズ派経済学のモデルでは，ＧＤＰは有効需要の大きさによって決定されます。ＧＤＰの決定にあたって，セイの法則は供給サイド，有効需要の原理は需要サイドの重要性をそれぞれ強調しています。有効需要とはあらかじめ計画され，しかも購買力を伴った総需要のことです。

表14－1　古典派経済学とケインズ派経済学

	古　典　派	ケインズ派
市場メカニズム		
経済観（市場の状態）	つねに均衡	不均衡の可能性
不均衡の調整	価格調整	数量調整
労働市場		
貨幣賃金率	伸縮的	下方硬直的
雇用	完全雇用	不完全雇用
失業	自発的失業	自発的失業
	摩擦的失業	摩擦的失業
		非自発的失業
生産物市場		
ＧＤＰの決定原理	セイ法則	有効需要の原理
ＧＤＰの決定要因	供給サイド	需要サイド
生産物市場によって決まるもの	利子率（貸付資金説）	ＧＤＰ（45度線分析）
貨幣市場		
貨幣の機能	一般価値尺度機能	一般価値尺度機能
	一般交換・支払手段機能	一般交換・支払手段機能
		価値貯蔵機能
貨幣の保有動機	取引動機	取引動機
	予備的動機	予備的動機
		投機的動機
貨幣需要関数の安定性	安定	不安定
貨幣の実物経済への影響	中立的（古典派の二分法，貨幣ベール観）	非中立的
貨幣錯覚の有無	無	有
貨幣市場によって決まるもの	名目ＧＤＰ・一般物価水準（貨幣数量説）	市場利子率（流動性選好説）
経済政策		
主たる政策目標	インフレの抑制	非自発的失業の低下
問題にする期間	長期	短期
経済政策の運営	ルール（ラグの可変性）	裁量（ハーベイ・ロードの仮定）
有効需要管理政策	短期では有効，長期では無効	有効
財政政策の有効性	無効（ＬＭ曲線が垂直なため，100%のクラウディング・アウト）	有効
金融政策	有効	無効（ＬＭ曲線が水平：流動性のワナ）
金融政策の中間目標	マネーサプライ	利子率
フィリップス曲線		
フィリップス曲線	期待インフレ導入による短期と長期のフィリップス曲線の区別	右下がりのフィリップス曲線
有効需要管理政策の有効性	長期ではインフレを加速させるだけで，自然失業率以下に失業率を下げることはできない	インフレと失業の任意の組み合わせを選択できる
インフレの原因	貨幣供給量の増大	有効需要の過大

問題14－1　セイの法則と有効需要の原理

次の文章の空欄に適語を埋めなさい。

古典派経済学の理論は，経済全体の産出物に対する（　①　）が常に総供給に等しいとする（　②　）の法則に基づいている。これに対して，ケインズ派経済学が想定している（　③　）では，総産出量の水準は（　④　）によって決定される。

≪解答＆解答の解説≫

セイの法則は「供給はそれ自らの需要を生み出します」というもので，過剰生産はありえません。ＧＤＰの決定にあたって，セイの法則は供給サイド，有効需要の原理は需要サイドの重要性を強調しています。有効需要とはあらかじめ計画され，しかも購買力を伴った総需要のことです。

①　総需要　②　セイ　③　有効需要の原理　④　総需要　答え

問題14－2　貨幣数量説

次の文章の空欄に適語を埋めなさい。

ケインズは，貨幣需要を（　①　）需要，予備的需要，（　②　）需要の３つに区分した。このうち，（　①　）需要は貨幣が（　③　）手段として需要されることであり，これと予備的需要は，主として国民所得に依存する。また（　②　）需要とは，貨幣が（　④　）手段として需要されることであり，利子率に依存する。これを定式化した貨幣需要関数は，国民所得の（　⑤　）関数であるとともに，利子率の（　⑥　）関数でもある。物価水準と国民所得水準とを一定とすれば，貨幣供給量が増大すると，利子率は（　⑦　）する。

古典派経済学においては，貨幣需要は，（　⑧　）のみに依存し，（　⑨　）には依存しないと考えられている。この考え方を（　⑩　）という。（　⑩　）の代表的なものの１つに，（　⑪　）の数量方程式がある。この式は，ＭＶ＝Ｐｙと表される。ここで，Ｍは貨幣供給量を，ｙは実質国民所得，Pは一般物価水準をそれぞれ示している。また，Vは貨幣の（　⑫　）と呼ばれるものである。上の式においてVを右辺に移項し，$\frac{1}{V}$＝ｋとすると，Ｍ＝ｋＰｙというケンブリッジ方程式が得られる。この式において，右辺のｋは（　⑬　）のｋと呼ばれる。

≪解答＆解答の解説≫

① 取引　② 投機的　③ 決済　④ 価値貯蔵　⑤ 増加　⑥ 減少
⑦ 低下　⑧ 国民所得　⑨ 利子率　⑩ 貨幣数量説　⑪ フィッシャー
⑫ 流通速度　⑬ マーシャル

問題14－3　貨幣数量説

以下の問いに対して，もっとも適切な答えを１つ選びなさい。

⑴　貨幣数量説の立場で見た場合に，貨幣供給量の増大に対応して変化する経済変数は次のうちどれですか。

① 物価水準
② 実質国民所得
③ 貨幣の流通速度
④ 雇用水準

⑵　貨幣の流通速度に関する記述として，適切なものは次のうちどれですか。

① 総支出を総生産で除したもの
② 法定準備額を総所得で除したもの
③ 中央銀行によって設定されるもの
④ 名目ＧＤＰをマネーサプライで除したもの

≪解答＆解答の解説≫

⑴ ①　答え
⑵ ④　答え

問題14－4　古典派経済学とケインズ派経済学：貨幣

次の文章の空欄①～⑦にあてはまるもっとも適切な語句を下段に示す語群の中から１つ選びなさい。

古典派経済学では，貨幣数量説において，貨幣の（　①　）は制度的に定まっているので，貨幣供給量が与えられたときに決定されるのは（　②　）であると考えた。

古典派経済学とケインズ派経済学との間では，貨幣の果たす役割についても見解が分かれる。前者では，（　③　）手段としての側面と一般的価値尺度としての側面が強調されるのに対して，後者では，資産選択の対象となる（　④　）手段としての側面が重視される。したがって，古典派経済学では，貨幣保有によって犠牲になるのは財貨・サービスの保有と考えられており，貨幣保有の機会費用は貨幣の（　⑤　）になる。これに対してケインズ派経済学では，貨幣保有の代替的な方法は債券の所有であり，貨幣保有の機会費用は利子率である。古典派経済学では，貨幣供給量が変動しても実物経済に影響を与えず，貨幣の（　⑥　）が主張される。ケインズ派経済学では，貨幣供給量の変動は利子率の変化を通じて実物経済に影響を与えるので，貨幣の（　⑦　）が主張される。

［語群］

A　利回り曲線　B　フィリップス曲線　C　右上がり　D　右下がり　E　水平　F　逆ザヤカーブ　G　一般的支払い　H　一般的価値貯蔵　I　一般的価値尺度　J　購買力　K　中立性　L　非中立性　M　流通速度　N　貨幣乗数　O　一般物価水準　P　国民所得

≪解答＆解答の解説≫

①　M（流通速度）　②　O（一般物価水準）　③　G（一般的支払い）
④　H（一般的価値貯蔵）　⑤　J（購買力）　⑥　K（中立性）
⑦　L（非中立性）

【知っておきましょう】 貨幣ベール観

貨幣供給量は実物部門には何らの影響も与えません。すなわち，貨幣は実物セクターのベールにすぎません。

問題14－5 古典派経済学とケインズ派経済学：労働市場

次の文章の空欄①～⑦にあてはまるもっとも適切な語句を下段に示す語群の中から1つ選びなさい。

古典派経済学では，労働市場において，（ ① ）賃金が決定されると考える。労働市場で決定される（ ① ）賃金の下で，労働者は労働の（ ② ）と（ ① ）賃金が等しくなるように労働供給を決定し，企業は労働の（ ③ ）と（ ① ）賃金が等しくなるように雇用水準を決定する。この結果，労働市場では，労働供給と労働需要との間に常に（ ④ ）が成立し，完全雇用が満たされることとなる。つまり，技術的な条件や求人情報などが十分でないために生じる失業（摩擦的失業）や，経済構造の変化によって生じる失業（構造的失業）を別にすると，現在の賃金水準の下で働きたいと思っている労働者は，すべて雇用され，この意味で，古典派経済学において考えられる失業は，（ ⑤ ）失業となる。

ケインズ派経済学では，労働市場において，（ ⑥ ）賃金が決定されると考える。しかも，（ ⑥ ）賃金は下方に硬直的なため，物価水準が下がっても（ ① ）賃金は下がらない。このことは，労働者が，短期的には，（ ① ）賃金よりも（ ⑥ ）賃金を重視しているために生じると考えられ，そこでは，（ ⑦ ）は妥当しなくなる。ケインズ派経済学の下では，総需要が減少し，生産物市場で超過供給が発生し，物価水準が低下した場合，（ ⑥ ）賃金は低下しないため，かえって（ ① ）賃金が上昇してしまうと考えられる。そのため，このような状況において，企業は，雇用を減らさざるをえない。このとき，現在の（ ⑥ ）賃金の下で働きたいと思っている労働者が多数存在するのに，雇用されないという（　⑧　）失業が生じることになる。

［語群］

A　実質　B　名目　C　古典派の第一公準　D　古典派の第二公準
E　自発的　F　非自発的　G　裁定　H　均衡　I　限界生産力
J　限界不効用

≪解答＆解答の解説≫

①　A（実質）②　J（限界不効用）③　I（限界生産力）④　H（均衡）⑤　E（自発的）⑥　B（名目）⑦　D（古典派の第二公準）⑧　F（非自発的）

問題14－6　古典派経済学とケインズ派経済学

次の記述は，古典派経済学とケインズ派経済学についてのものであるが，正しいものはどれですか。

①　古典派経済学もケインズ派経済学も，労働供給関数は実質賃金の関数と考えているが，とくにケインズ派経済学はある一定の実質賃金で，労働供給の実質賃金に対する弾力性が無限大であると考えている。

②　投資と貯蓄の均衡は，古典派経済学においては利子率を決定するが，ケインズ派経済学においては国民所得水準を決定する。

③　投資と貯蓄が利子率の関数であることは，ケインズ派経済学においても古典派経済学においても同じである。

④　労働の需要関数は，ケインズ派経済学においては国民所得水準の大きさによって決定されるが，古典派経済学の場合は労働の限界生産力によって決定される。

⑤　物価水準は，ケインズ派経済学においては貨幣量によって決定されるが，古典派経済学においては貨幣の流通速度によって決定される。

≪解答＆解答の解説≫

答え は②です。

① 古典派経済学の労働供給関数は実質賃金の増加関数です。ケインズ派経済学では，労働供給の名目賃金に対する弾力性が無限大であると考えています。

② 古典派経済学における投資と貯蓄の均衡による利子率決定は「貸付資金説」と呼ばれています。ケインズ派経済学における投資と貯蓄の均衡による国民所得決定は45度線分析です。

③ 古典派経済学においては，投資と貯蓄は利子率の関数であるが，ケインズ派経済学においては，投資と貯蓄は国民所得の関数です。

④ 古典派経済学においてもケインズ派経済学においても，実質賃金が労働の限界生産力に等しくなるように労働需要が決定されます。

⑤ 物価水準は，ケインズ派経済学においては一定で，古典派経済学においては貨幣の需給均衡によって決定されます。

問題14－7　古典派経済学とケインズ派経済学：雇用

次の記述は，古典派経済学とケインズ派経済学についてのものであるが，正しいものはどれですか。

① 非自発的失業の概念は古典派経済学，ケインズ派経済学に共通のものである。

② ケインズに対して，ピグーは，経済が流動性のワナに陥っても，物価水準の下落によって流動資産の実質価値が上昇し，消費が拡大され雇用水準が上昇すると主張した。

③ 古典派経済学によれば，失業が一時的に生じても，物価水準の下落を通じて実質賃金が上昇し，自動的に完全雇用が達成されるとした。

④ ケインズ派経済学によれば，名目賃金の引き下げが長期的に持続すると物価水準が引き下げられるので実質所得が増大し，有効需要が増加するとした。

≪解答＆解答の解説≫

答え は②です。

① 非自発的失業の概念は古典派経済学にはありません。

② これは「ピグー効果」と呼ばれています。

③ 古典派経済学においては，失業（労働の超過供給）が生じれば，名目賃金が下落し，自動的に完全雇用が達成されます。

④ ケインズ派経済学においては，名目賃金は一定とされています。

問題14－8　自然失業率仮説

自然失業率の説明として，適切なものは次のうちどれですか。

① 景気後退局面において，自然失業率は急激に上昇するが，景気拡大局面においては，かなり減少する。

② 自然失業率とは，経済が持続可能な最大生産水準にある場合において存在する失業率のことである。

③ 経済が完全雇用水準にある場合に存在する失業率と比べて，自然失業率は，通常低い値をとる。

④ 自然失業率とは，経済が潜在的成長力の95%の操業水準にある場合において存在する失業率のことである。

≪解答＆解答の解説≫

答え は②です。

問題14－9　合理的予想マクロ経済モデル

合理的予想マクロ経済モデルの下で，拡張的なマクロ経済政策によってもたらされると考えられる状況は次のうちどれですか。

① 短期的には失業率を低下させるが，長期的には無効である。

② 長期的には失業率を低下させるが，短期的には無効である。

③ 短期的にも長期的にも，失業率を低下させる。

④ 短期的にも長期的にも，失業率を低下させることはない。

≪解答＆解答の解説≫

合理的予想仮説は自然失業率仮説と結びつけられて「合理的予想マクロ経済モデル」を生みました。合理的予想マクロ経済モデルはＩＳ－ＬＭモデル，Lucas and Rapping 型総供給関数および合理的予想仮説から構成されています。合理的予想マクロ経済モデルでは，金融政策・財政政策は短期においても無効です。**答え**は④です。

＜著 者 紹 介＞

滝川　好夫（たきがわ・よしお）

1953年　　兵庫県に生れる
1978年　　神戸大学大学院経済学研究科博士前期課程修了
1980～82年　アメリカ合衆国エール大学大学院
1993～94年　カナダブリティシュ・コロンビア大学客員研究員
現　在　神戸大学大学院経済学研究科教授
（金融経済論，金融機構論）
主　著　『現代金融経済論の基本問題－貨幣・信用の作用と銀行の役割－』1997年７月（勁草書房），『経済記事の要点がスラスラ読める「経済図表・用語」早わかり』2002年12月（ＰＨＰ文庫），『EViewsで計量経済学入門』（共著）2004年３月，『超入門　パソコンでレポートを書く』（共著）2004年12月，『経済学のためのExcel入門－図表作成と計量分析のテクニック』（共著）2006年１月，『郵政民営化の金融社会学』2006年１月，『EViewsで計量経済学入門　第２版』（共著）2006年７月（以上，日本評論社），『金融モデル実用の基礎：Excelで学ぶファイナンス４』（共著）2006年10月（金融財政事情研究会），『ミクロ経済学の要点整理』1999年３月，『マクロ経済学の要点整理』1999年４月，『経済学の要点整理』2000年１月，『経済学計算問題の楽々攻略法』2000年６月，『経済学の楽々問題演習』2000年10月，『文系学生のための数学・統計学・資料解釈のテクニック』2002年６月，『ケインズなら日本経済をどう再生する』2003年６月，『アピールできるレポート／論文はこう書く－レポートから学術論文まで－』2004年10月，『ミクロ経済学の楽々問題演習』2007年２月，『リレーションシップ・バンキングの経済分析』2007年２月（以上，税務経理協会）

著者との契約により検印省略

平成19年２月15日　初版第１刷発行

らくらく
マクロ経済学の楽々問題演習

著　者　滝　川　好　夫
発行者　大　坪　嘉　春
印刷所　税経印刷株式会社
製本所　株式会社　三森製本所

発行所　東京都新宿区 下落合２丁目５番13号　株式会社　**税務経理協会**
郵便番号 161－0033　振替 00190－2－187408　電話(03)3953－3301(大 代 表)
FAX(03)3565－3391　(03)3953－3325(営業代表)
URL　http://www.zeikei.co.jp/
乱丁・落丁の場合はお取替えいたします。

©　滝川好夫　2007　　Printed in Japan

本書の内容の一部又は全部を無断で複写複製（コピー）することは，法律で認められた場合を除き，著者及び出版社の権利侵害となりますので，コピーの必要がある場合は，予め当社あて許諾を求めて下さい。

ISBN978－4－419－04876－1　C2033